0歳児の指導計画完全サポート

監修／原孝成

はじめに

　近年、共働き家庭の増加や、働き方の変化などにより、保育所・幼稚園・認定こども園に通う子どもが増えています。

　とくに、0・1・2歳児は急増していて、乳幼児期の保育の重要性が大きな課題となっています。

　2017年3月の保育所保育指針及び幼保連携型認定こども園教育・保育要領の改定にともない、乳児期や、3歳未満児の特性に基づく保育内容がていねいに記載されるようになりました。

　改定されても『「保育」は養護と教育が一体的に行われるものである』という考え方自体は変わりません。ただ、「養護」は基礎的事項として、より安全で安心できる子どもの生活環境をつくっていく保育者の視点としてまとめられました。また、「教育」の側面である「保育内容」は内容の充実と質の向上が図られるようになりました。

　このような社会や制度の変化のなかで、1人ひとりの子どもを理解し、子どもの最善の利益のために、適切な環境を構成していくことや、指導計画を立案していくこと、それに基づく実践を通して、自分の保育を振り返り次の指導計画を改善・立案していくことが、保育者の重要な役割となります。

　本書が、そのような保育者の保育の質の向上のための助けになれば幸いです。

原 孝成

目次

はじめに ... 1

第1章 指導計画の基本

保育所保育指針改定で指導計画はどう変わったの？ ... 6
指導計画はなぜ必要なの？ ... 8
0歳児の保育における指導計画のポイントは？ ... 10
0歳児の発達と指導計画 ... 12
指導計画にはどんな種類があるの？ ... 14
月案の見方のポイント ... 16
月案の項目別・指導計画のポイント ... 18
個人案・乳児保育のポイントについて ... 22
個人案の見方のポイント ... 24
〈個人案〉配慮事項・発達援助別の見方のポイント ... 26
年度の最初に立てる計画のポイント ... 28
年間指導計画 ... 30
食育計画 ... 32
保健計画 ... 34
避難訓練計画 ... 36
災害への備え ... 38

第2章 12か月の指導計画

4月の指導計画

月案（低月齢児） ... 40
月案（高月齢児） ... 42
個人案（低月齢児・高月齢児） ... 44
個人案（配慮事項・発達援助別） ... 46
乳児保育のポイント ... 48
4月の文例集（低月齢児・高月齢児） ... 50

5月の指導計画

月案（低月齢児） ... 52
月案（高月齢児） ... 54
個人案（低月齢児・高月齢児） ... 56
個人案（配慮事項・発達援助別） ... 58
乳児保育のポイント ... 60
5月の文例集（低月齢児・高月齢児） ... 62

6月の指導計画

月案（低月齢児） ... 64
月案（高月齢児） ... 66
個人案（低月齢児・高月齢児） ... 68
個人案（配慮事項・発達援助別） ... 70
乳児保育のポイント ... 72
6月の文例集（低月齢児・高月齢児） ... 74

7月の指導計画

月案（低月齢児） ... 76
月案（高月齢児） ... 78
個人案（低月齢児・高月齢児） ... 80
個人案（配慮事項・発達援助別） ... 82
乳児保育のポイント ... 84
7月の文例集（低月齢児・高月齢児） ... 86

8月の指導計画

月案（低月齢児） ... 88
月案（高月齢児） ... 90
個人案（低月齢児・高月齢児） ... 92
個人案（配慮事項・発達援助別） ... 94
乳児保育のポイント ... 96
8月の文例集（低月齢児・高月齢児） ... 98

9月の指導計画

月案（低月齢児） 100
月案（高月齢児） 102
個人案（低月齢児・高月齢児） 104
個人案（配慮事項・発達援助別） 106
乳児保育のポイント 108
9月の文例集（低月齢児・高月齢児） 110

10月の指導計画

月案（低月齢児） 112
月案（高月齢児） 114
個人案（低月齢児・高月齢児） 116
個人案（配慮事項・発達援助別） 118
乳児保育のポイント 120
10月の文例集（低月齢児・高月齢児） 122

11月の指導計画

月案（低月齢児） 124
月案（高月齢児） 126
個人案（低月齢児・高月齢児） 128
個人案（配慮事項・発達援助別） 130
乳児保育のポイント 132
11月の文例集（低月齢児・高月齢児） 134

12月の指導計画

月案（低月齢児） 136
月案（高月齢児） 138
個人案（低月齢児・高月齢児） 140
個人案（配慮事項・発達援助別） 142
乳児保育のポイント 144
12月の文例集（低月齢児・高月齢児） 146

1月の指導計画

月案（低月齢児） 148
月案（高月齢児） 150
個人案（低月齢児・高月齢児） 152
個人案（配慮事項・発達援助別） 154
乳児保育のポイント 156
1月の文例集（低月齢児・高月齢児） 158

2月の指導計画

月案（低月齢児） 160
月案（高月齢児） 162
個人案（低月齢児・高月齢児） 164
個人案（配慮事項・発達援助別） 166
乳児保育のポイント 168
2月の文例集（低月齢児・高月齢児） 170

3月の指導計画

月案（低月齢児） 172
月案（高月齢児） 174
個人案（低月齢児・高月齢児） 176
個人案（配慮事項・発達援助別） 178
乳児保育のポイント 180
3月の文例集（低月齢児・高月齢児） 182

保育日誌 184
CD-ROMについて 188

本書の使い方

第1章　指導計画の基本を解説！

本書の第1章では、指導計画がなぜ必要なのか、指導計画にはどんな種類があるのか、また、改定された「保育所保育指針」にもとづいた、指導計画の作成のポイントや、年度はじめに立てる計画について説明しています。

第2章　その月に必要な指導計画がまるごとわかる！

本書は、月ごとに指導計画を掲載しています。その月に必要な指導計画がまとめて見られますので、実際に計画を作成する際に便利です。また、1年間の保育の流れや、それぞれの計画の関連性についても理解しやすい構成となっています。

付属CDR　すべての例文を掲載！

本書に掲載されている指導計画の例文はすべて、付属CDRに掲載されています。コピーして、ご自身の園の指導計画に貼り付けることで、すぐに利用することができます。

第 1 章

指導計画の基本

この章では、「指導計画」とは何か、なぜ必要なのかについて説明しています。
また、それぞれの計画を立案する際のポイントについてもまとめています。

保育所保育指針改定で 指導計画はどう変わったの？

保育所保育指針・幼稚園教育要領・幼保連携型認定こども園教育・保育要領が改定（訂）※され、2018年4月から施行されましたが、どのような内容なのでしょうか。また、指導計画にはどのような影響があるのでしょうか。ここでは、とくに保育所保育指針（以下、指針）の改定を中心にみていきましょう。

1. 保育所保育指針の改定について

❶改定のポイントは？

①0・1・2歳児※も「教育の視点」が充実！

新しい指針では、0・1・2歳児の項目が充実しました。それにともない、これまで3歳以上児で重視されていた「教育」の視点が、新しい指針では0・1・2歳児にも多く入ることになりました。

②養護がより重要に！

これまでの指針では、養護は保育内容の項目に入っていましたが、新しい指針では第1章「総則」の「基本的事項」に入りました。これは、養護の視点がより重要になった、ということを示します。

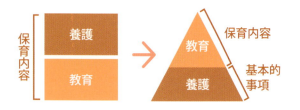

③具体的な保育目標が示された

新しい指針では、具体的な保育の目標となる「育みたい資質・能力」「幼児期の終わりまでに育ってほしい姿」（以下、10の姿）が示されました。これは、今までの指針にはなかったものです。

❷保育所保育指針、幼稚園教育要領、幼保連携型認定こども園教育・保育要領の3つには関連性はあるの？

もともと「保育内容」の項目においては、この3つは共通の形をとっていましたが、今回の改定により、保育所・幼稚園・認定こども園において日本の乳幼児期の子どもが受ける「幼児教育」を、3つの施設で共通して行おうという姿勢がより全面に押し出されることになりました。ここでいう「幼児教育」とは、3歳未満児からの教育も含めます。

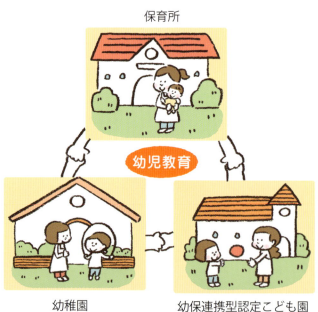

※改定（訂）：保育所保育指針は「改定」、幼稚園教育要領と幼保連携型認定こども園教育・保育要領は「改訂」と表記されている。
※0・1・2歳児：保育所保育指針では0歳児を「乳児」、1・2歳児を「1歳以上3歳未満児」としている。

2. とくに指導計画に関わる部分について

❶ 指導計画の位置付けは？

今回の改定で、指導計画の項目が、第4章から第1章「総則」に移動されました。これは、指導計画がより重要な位置づけになったことを示します。今後は、指導計画を立てることが保育者の重要な役割の一つであることを意識しましょう。

❷ 計画の流れは変わるの？

基本的に流れは変わりません。ただし、保育者の保育に対する見方が変わります。これまでは、幼児教育における「目標」というのはあくまで方向性であって達成目標ではない、という漠然としたものであったと思います。しかし、10の姿（下図）が示されたことによって、育ってほしい姿が具体的になり、目標と実践に対する評価がしやすくなりました。

活動そのものは変わらなくても、日々の保育の先に10の姿があることを念頭に置きながら立案しましょう。

❸ 評価の視点は変わったの？

目標が具体化したことにより、評価の視点もより明確で、具体的になりました。しかし、評価自体が変わるわけではありません。10の姿とは、決して達成度のチェックリストではないのです。

❹「0・1・2歳児の教育の視点充実」を指導計画にどう反映させればいいの？

これまで、0・1・2歳児の保育では「養護」の側面が重要視されていましたが、今回の改定により、養護のなかにも「学び」や「教育」の視点があるということが示されました。つまり、これまで養護の「ねらい」「内容」に入れていた項目のなかにも「教育」に入る要素がある、という視点で指導計画を作成していくことが大切なのです。

幼児期の終わりまでに育ってほしい10の姿

- 健康な心と体
- 自立心
- 協同性
- 道徳性・規範意識の芽生え
- 社会生活との関わり
- 思考力の芽生え
- 自然との関わり・生命尊重
- 数量や図形、標識や文字などへの関心・感覚
- 言葉による伝え合い
- 豊かな感性と表現

指導計画はなぜ必要なの？

指導計画はなぜ必要なのでしょうか。計画を立てるためにどのような視点があるのでしょうか。
ここでは、計画の必要性と計画を立てるために必要な乳幼児期の子どもをみるための視点をみていきましょう。

1. 指導計画とは？

保育所保育指針では、第1章の総則において、「保育の目標」が示されています（下図）。これを達成するために各園で「全体的な計画」を作成します。指導計画とは、この全体的な計画に基づいて、保育が適切に展開されるために作成する具体的な計画のことをいいます。つまり指導計画とは、保育の目標を達成するためにあるのです。

保育の目標

- （心と体の）✚ 健康
- ♥ 人間関係（人との関わり）
- ▲ 環境（生命、自然及び社会の事象に対する興味や関心）
- ● 言葉（言葉への興味や関心）
- ♪ 表現（豊かな感性や表現力）

（健康・人間関係・環境・言葉・表現）＝教育

- 養護（生命の保持及び情緒の安定）

2. 養護と教育とは？

保育とは、養護と教育を一体的に行う営みです。

養護…子どもが安心して生活していくために保育者が行う援助や関わり
教育…子どもが健やかに成長し、活動が豊かに展開されるために保育者が行う発達の援助

指導計画において「養護」とは、子どもたちが成長していく基礎となるもので、保育者の視点で書かれます。生命の保持や情緒の安定といった、養護の要素というものは、常に安定していることが重要です。実際の指導計画においても「養護のねらい」は、前月と変わらないということもあります。

指導計画において「教育」とは、子どもたちが学んでいく姿や環境のなかで成長していく力を書くもので、子どもの視点で書かれます。日々子どもたちが学ぶことは変化していくので、「教育」の要素というものは、常に子どもにあわせて変化していくことが重要です。

3. 5領域とは？

5領域とは、子どもの育ちに関わる要素を「健康」「人間関係」「環境」「言葉」「表現」の5つに分類したものです。指導計画においては、「保育内容」の項目になる部分です。それぞれの項目の特徴は下記のとおりです。また、乳児（0歳児）には、5領域のベースとなる3つの視点（→11ページ参照）が新しく示されました。

①健康	心身の健康に関する領域
②人間関係	人との関わりに関する領域
③環境	身近な環境との関わりに関する領域
④言葉	言葉の獲得に関する領域
⑤表現	感性と表現に関する領域

4. 育みたい資質・能力とは？

今回の指針改定で、一生ものの「生きる力の基礎」として幼児教育で一体的に育みたい3つの柱が、「育みたい資質・能力」として具体的に示されました。これにより、乳幼児期の教育が、小学校・中学校・高校へとつながる学びの基礎となることがよりはっきりと示されました。指導計画においてはとくに「ねらい」を立てるときに、育みたい資質・能力を念頭に置くとよいでしょう。

育みたい資質・能力

知識及び技能の基礎

遊びや生活のなかで、豊かな経験を通じて、さまざまなことについて感じたり、気づいたり、わかったり、できるようになること

思考力、判断力、表現力等の基礎

遊びや生活のなかで、気づいたこと、できるようになったことなども使いながら、考えたり、試したり、工夫したり、表現したりすること

学びに向かう力、人間性等

心情、意欲、態度が育つなかで、よりよい生活を営もうとすること

5. 幼児期の終わりまでに育ってほしい姿（10の姿）とは？

10の姿は、5領域が目指す目標をよりくわしく表したもので、適切な生活や遊びの積み重ねで見られるようになる子どもの姿です。子どもによって見られる姿は異なり、到達すべき目標ではありません。今後は10の姿を念頭において、全体的な計画をはじめ、全ての計画を作成していく必要があります。また、この10の姿は、小学校の先生たちが、小学校に入ってくる子どもたちがこれまでどのような保育を経験してきたかを見るための視点としても、使用されます。

0歳児の保育における 指導計画のポイントは？

今回の指針改定より0歳児の保育内容では「3つの視点」が設定されました。それはどのようなものなのでしょうか。1歳以降の保育内容である5領域との関係性についても見ていきましょう。

1. 3つの視点はなぜ定められたの？

保育には「養護」と「教育」の側面がありますが、改定以前は、3歳未満児の保育内容に関しては「養護」の要素がほぼ中心でした。しかし改定により養護がこれまでの保育内容から基本的事項に移動されたため、新たに0歳児は3つの視点（→11ページ参照）、1・2歳児は5領域（→9ページ参照）の形で保育内容が設定されました。このことは、0歳児においても「教育」の視点が重要になったということを示しています。

2. 教育というものに対する考え方の変化

0歳児で「教育」というと、違和感を覚える人もいるでしょう。しかし、改定により「教育」そのものに対する考え方が変わりました。

今までは教育というと、「先生が子どもたちにいかに教えるか」ということを示していたので、本当の教育は小学校になってからとされていました。改定後は、「子ども自身がいかに学ぶか」ということが「教育」であるということになりました。子どもは0歳児のときからさまざまな経験を通して学んでいます。だから、赤ちゃんのときから「教育」の視点もふまえた保育が大切なのです。

3. 指導計画の書き方はどう変わるの？

子どもたちの活動については特に変更点はありません。ただ、保育者の見方が変わります。たとえば、子どもがハイハイをしながらものをつかみ、口元にもってくる、その姿を自ら何かを獲得しようとしているという点において「教育」と捉えるのです。これからの保育者としては、子どもが自ら学びたいと思えるような「環境をどう作るか」「どう関わるか」という点を大切にしながら立案していくとよいでしょう。

今までの教育

これからの教育

乳児保育における3つの視点

❶ 健やかに伸び伸びと育つ

5領域でいうと…… ➕**健康** と関連が深い

たとえばどんな活動？
- 心地よく生活する。
- 体を十分に動かす。
- 食べることを楽しむ。

保育者の関わりかたのポイントは？
- 心地よさが感じられるような快適な環境をつくっていく。
- 一人ひとりの生活のリズムを整える。
- 手足の運動、全身運動、バランスよく体を動かせるように遊びを工夫する。
- 望ましい食習慣を形成する。

❷ 身近な人と気持ちが通じ合う

5領域でいうと…… ♥**人間関係** ●**言葉** と関連が深い

たとえばどんな活動？
- 保育者とのやりとりを楽しむ。
- 身近な人と関わり、親しみをもつ。
- （高月齢児）言葉を理解しようとする、発語しようとする意欲をもつ。

保育者の関わりかたのポイントは？
- 安心を感じられる環境づくり、楽しい雰囲気をつくる。
- 保育者とのやりとりを楽しめるようにし、信頼関係をつくる。
- 心と体の発達を支える、愛情深い、受容的で応答的な関わりをもつ。
- （高月齢児）保育者との会話や言葉によるやりとりを楽しめるようにする。

> **愛情深い、受容的で応答的な関わりとは**
>
> 子どもが周囲の大人と関わりたいと思ってする動作に大人が気づいて受け止めて、反応することです。たとえば、言葉をおうむ返しする、じっと見つめられたら見つめ返すということが大切です。受け止められたという体験を重ねることは、のちの人に対する信頼の基盤になります。

❸ 身近なものと関わり感性が育つ

5領域でいうと…… 🌲**環境** ♪**表現** と関連が深い

たとえばどんな活動？
- 身のまわりのものに興味・関心をもつ。
- 音、形、色などに気づく、触り心地を楽しむ。
- いろいろなものを見たり、聞いたり、感じたりする。
- 手指を使って遊ぶ、手足を動かして遊ぶ。

保育者の関わりかたのポイントは？
- いろいろなものを探索できるような環境をつくる。
- さまざまな用具、素材などを用意し、選択する自由がもてるようにする。
- 表情、手足、体の動きなどをとおして自分の気持ちを楽しめるようにする。
- 遊びをとおして探究心や意欲が育っていけるような環境をつくる。

0歳児の発達と指導計画

	0歳〜	▶ 6か月
食事	・新生児（生後28日未満）は、2〜3時間ごと、1日8回程度哺乳する。 ・月齢が進むにつれ、空腹になったときに泣くタイミングで哺乳する。	・6か月ごろから離乳を始める。 ・離乳初期は、なめらかにすりつぶした状態の食物を1日1〜2回、ほかに適宜母乳やミルクを飲む。
睡眠	・新生児は1日16〜18時間眠り、約3時間ごとに目が覚める。 ・1〜3か月は14〜15時間、4〜6か月は13〜14時間眠る。	・6か月を過ぎるころには昼夜の区別がつき、昼間に起きている時間が長くなる。 ・ただし、個人差があるのでまだ午前寝が必要な子どももいる。
排泄	・3か月ごろまでは排泄は反射的で、回数が多く尿量が少ない。 ・4か月を過ぎたころからは膀胱の機能が発達し、まとまって排尿するようになる。	・この時期の排泄のリズムは個人差が激しい。
言葉	・2か月ごろから「アー」「ウー」と言った発声をする（クーイングという）。 ・4か月ごろから大人の顔を見つめながら「アー」「ウー」などの声を出す。	・喃語が盛んになり、「ウンウン」「アブアブ」など複雑な音声を発声するようになる。 ・意思や欲求を言葉や身振りで伝えようとする。
運動	・4か月ごろには首のすわりが安定し、腹ばいの状態から肩をもちあげるようになる。 ・6か月ごろには手にふれるものや目に入るものに手を伸ばす。	・6か月を過ぎると、寝返りから座る、はいはいができるようになる子が増える。 ・寝返りからずりばい、一人座りができるようになる。
人間関係	・4か月ごろからあやしてくれる大人に向かってほほえみかける（社会的微笑という）。 ・4か月ごろから特定の大人に対する愛着が芽生え、声を出したり抱っこを求めたりする。	・6か月ごろになると、身近な人の顔がわかる。 ・声や身振り、アイコンタクトなどで自分から大人に関わろうとする。

0歳児とは、生まれてから満1歳までのことを指します。この時期は著しく身体が発達する時期で、1歳の時点で体重が出生時の約3倍、身長は出生時の約1.5倍ほどに成長します。発達の個人差が大きい時期ですので、表についてはあくまで目安ととらえ、一人ひとりの発達の状況を把握し、適切に援助する必要があります。

▶ ～1歳

● 舌と上あごで食べ物をつぶすことができるようになり、豆腐ややわらかく煮たものが食べられるようになる。	● 舌を自由に動かせるようになり、一口大にカットした柔らかくゆでたものが食べられるようになる。 ● 1歳ごろになると、自分の手で食べたいという欲求が芽生え、食べ物に手を伸ばして食べるようになる。
● 睡眠時間が12時間程度になる。	● 午睡が1回になってくる。
● 便意をもよおすようになる。	● 膀胱(ぼうこう)に尿をためることができるようになる。
●「バウバウ」「マンマンマン」など、繰り返す反復言語が見られるようになる。	●「マンマ」や「ママ」など初語(しょご)が見られる。
● はいはいが、ずりばいから四つばいになり、スピードが早くなる。	● つかまり立ちをするようになる。 ● 手指の発達が進み、親指と人差し指を使ってつまむことができるようになる。
● はじめて会う人に対して泣いたり顔を背けたりするようになる（人見知りという）。	● 見ているものや関心があるものを大人に向かって指差すようになる。

指導計画にはどんな種類があるの？

指導計画にはどんな種類があるのでしょうか。立てる時期と、種類について見ていきましょう。

1. 何を、いつ計画するの？

❶年度の最初に立てるもの
――年間指導計画・食育計画・避難訓練・保健計画

　年度の初め（あるいは前年度末）に立てる計画の代表は、年間指導計画です。年間指導計画は、年齢別に１年間の主な活動を見通すもので、「全体的な計画」をもとに、季節の行事を考慮しながら記載します。全体的な計画は、毎年それほど大きく変わることはありませんので、年間指導計画も前年度のものをベースとして作成します。ただ、保育所保育指針が改定されたなどの際には、計画を再度検討することが必要となり、それに伴い年間指導計画も見直しを検討します。立案の際には12か月を見渡し、行事が多すぎる月がないかバランスを見ていくことも重要です。

　食育計画や避難訓練、身体測定や健康診断などの保健計画も基本的には前年度の計画をもとにし、年度の最初に立てます。これらの計画は、外部の関係者とのスケジュール調整が必要なため、年度初めには確定できない場合がありますが、実施する時期の目安は決めておきます。　▶くわしくは28ページ

❷月ごとに、あるいはもっと短期のスパンで立てるもの――月案、週案・個人案

　月案は毎月の具体的な活動計画で、年齢ごと、またはクラスごとに作成します。大体の場合、年度初めに３か月〜半年分ほど作成し、その後はクラスの状態を見ながら調整していきます。

　０歳児クラスでは個人案の作成が中心になるため、週案を作成することはあまりありません。

　個人案は、子ども一人ひとりの状況に沿った形でつくられる保育計画で、これも毎月子どもの状態に合わせて作成します。いずれも、子どもたちの日々の状態をよく観察しながら、次の計画作成へと生かしていくことが大切です。

4月	年度の最初（年度末）に立てるもの

- 年間指導計画
- 食育計画
- 保健計画
- 避難訓練計画

4月〜3月	月ごとに、あるいはもっと短期のスパンで立てるもの

- 月案
- 週案
- 個人案

青文字…長期の指導計画　赤文字…短期の指導計画

❸振り返り

指導計画作成、日々の保育活動を充実したものにするうえで、振り返りは大変重要な要素です。園は、子どもたちがともに生活しながら心身ともに健やかに成長していくための場です。活動を滞りなくこなしていくのではなく、子どもたちが「ねらい」の達成のための環境構成や保育者の関わりが適切であったかを立ち止まって考え、明日の保育に生かしていくことが大切です。

振り返り

前月の計画 → 計画の立案 → 振り返り

2. 年間指導計画とは？月案とは？

❶年間指導計画とは？

どんな計画？
年間指導計画とは年齢ごとに、各園の全体的な計画に沿いながら作成する計画です。

どんな内容？
1年間の園の行事を念頭に置きながら、1年のなかでどんなことを経験し、達成させたいかについて考慮しながら期ごとに立案していきます。

1期 4～6月
↓
2期 7～9月
↓
3期 10～12月
↓
4期 1～3月

誰が立てるの？
園長（施設長）が中心となって保育者全員で作成します。

大切なこと
大きな行事の以外にも、水遊びや戸外の散歩など季節の遊び関連、また「こういう体験をしてほしい」といった園の方針を踏まえた活動計画を加えていきます。

▶ 年間指導計画の見方は30、31ページ

❷月案とは？

どんな計画？
月案とは、年間指導計画をもとにした年齢ごと、あるいはクラスごとにつくられる月単位の計画です。

どんな内容？
必須となる活動を配置しながら、「ねらい」を達成するための活動内容、環境構成など具体的な計画を記します。

誰が立てるの？
主任の保育者を中心に、実際に日々子どもたちに接しているクラス担任が話し合い、クラスの特徴や状況に合った計画を立てます。

大切なこと
年間の目標を達成するための段階が踏めているかどうか、長期的な視点を忘れないように注意します。月案は必ず、計画、実践、評価、改善の手順で次の月に計画を生かしていきましょう。

▶ 月案の見方は次ページ
▶ 個人案のポイントは22ページ

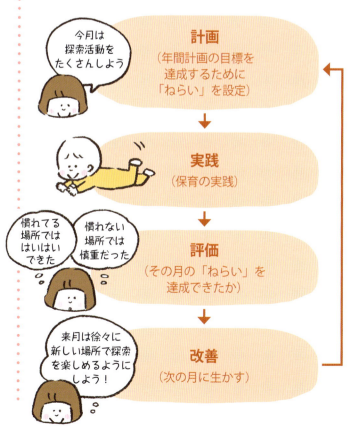

計画（年間計画の目標を達成するために「ねらい」を設定）
↓
実践（保育の実践）
↓
評価（その月の「ねらい」を達成できたか）
↓
改善（次の月に生かす）

月案の見方のポイント

月案は、年間指導計画をもとに、大きな行事を軸としながら作成します。
子どもたちが充実した園生活を送れるよう、
その時期の発達の特性に合った活動と援助を考えます。
季節感に富んだ活動を意識することも大切です。

前月末の子どもの姿
各月の活動を考えるにあたっては、そのときどきの子どもの状態や興味を踏まえることが重要になります。一人ひとりの姿を観察し、浮かびあがってきたことを具体的に書きます。

ねらい
年間指導計画のねらいと、現在の子どもの姿を踏まえて考えます。発達の様子や季節感を考慮して作成します。

内容
「ねらい」を達成するためには、子どもにどのような経験をさせたいか、具体的な活動や体験の内容を書きます。

職員との連携
計画を実践していくうえで必要な共通認識、保育者やほかの職員間の役割担当、特に重視すべき連絡事項について書きます。

家庭・地域との連携
保護者や地域とともに子どもを育てていくという立場から、共有すべき事柄について書きます。各家庭、地域の方々と信頼関係を築くことを目的とします。

5月 月案・低月齢児

CD-ROM → 0歳児_月案 → p52-p55_5月の月案（低月齢児）

5月　低月齢児　月案　いちごぐみ
担任：A先生

今月の保育のポイント
保護者の職場復帰にともない保育時間が長くなる子が増えてきます。子どもの様子に合わせて夕方も睡眠を取り入れながら、落ち着いて過ごせる環境をつくりましょう。徐々に園生活や保育者にも慣れてくるため、意欲的に探索活動ができるように環境を整えていくことも大切です。

前月末の子どもの姿
- 特定の保育者とともに過ごすことで、安心した表情を見せる時間が増えた。
- 少しずつ興味が広がってくるため、他児がもっている玩具をほしがり、子ども同士が近づく場面が増えた。

	ねらい	内容
健やかに伸び伸びと育つ	●一人ひとりの生活リズムで、安定して過ごす。 ●さまざまな姿勢がとれるようになり、体を動かして移動を楽しむ。	●哺乳瓶からの授乳に慣れ、ミルクを飲む量が増える。 ●園での生活リズムが整い、午睡をしっかりとる。 ●ずりばいでの移動を楽しむ。 ●安定して座位がとれる。
身近な人と気持ちが通じ合う	●保育者とのふれあい遊びや、やりとりを楽しむ。	●保育者が笑うとほほえみ返し、機嫌のよいときには声を盛んに発する。 ●保育者と1対1で関わり、目を合わせて名前を呼ばれながらこちょこちょ遊びやいっぽんばしなどのふれあい遊びをする。
身近なものと関わり感性が育つ	●玩具に興味や好奇心をもつ。	●すずとすずを打ち鳴らして音を楽しむ、ひもつき玩具を引っ張るなど、好きな遊びをみつける。 ●好きな玩具を握ったり、手を伸ばして取ったりして、感触を楽しむ。

職員との連携
- 一人ひとりの授乳や離乳食の状況を職員同士で把握しておく。
- 室内以外の場所での活動も増えるため、安全な環境で自由に動けるよう保育者同士で連携をとり、環境を整える。

家庭・地域との連携
- 視診をしっかり行うほか、保護者とも連携をとり、体調の変化に気づいていけるようにする。
- 連休明けに登園したとき、正しい生活リズムで落ち着いて過ごせるように、連休中の生活にも配慮するよう伝える。

養護のねらい
前月末の子どもの姿を踏まえながら、生命の保持と情緒の安定の視点から意識すべきことを書きます。

健康・安全への配慮
心身の健康を守るうえでの留意点について書きます。感染症がはやる時期の対策、予定している活動で注意すべき事柄を想定します。

行事
季節の行事、誕生会、避難訓練など、園でその月に行われる行事を書きます。

環境構成
「内容」を実現するために必要な物的環境（必要な道具）、空間の準備、人員の配置について書きます。

保育者の関わりと配慮事項
保育者が子どもたちに体験や活動を「させる」のではなく、子どもが自発的に行えるには、どのように関わるべきかを書きます。子どもの発達、感情面の安定にも留意して考えます。

反省・評価のポイント
その月が終わったあと、「ねらい」を達成できたか、そのための援助を行うことができたか、また立案そのものが適切であったかなどを振り返ります。この内容を、翌月の活動に生かしていきましょう。

食育
豊かな食の体験をし、食べることを楽しみ、興味をもてるような計画を考えます。行事食や旬の食材などにも配慮します。

※乳児保育の場合、特に養護と保育内容は一体的に展開されるものですので、ねらいと内容を設定するときには養護の要素も含めて考えることが大切です。

5月 月案・低月齢児

養護のねらい
- 園での生活リズムが整い、機嫌よく過ごす時間を増やせるようにする。
- 空腹、排便、排尿、眠気などによる不快を訴えて泣く子どもの個々の欲求に気づき、ていねいに応じていく。

健康・安全への配慮
- 気温が高くなる日も出てくるので、水分補給をしっかりして、体調の変化に気をつける。
- ずりばいで移動するようになるので、保育室内に危険箇所がないか点検する。

行事
- こどもの日
- 身体測定
- 誕生会
- 避難訓練

環境構成	保育者の関わりと配慮事項
●一人ひとりの空腹のタイミングに合わせる。	●休憩をはさみ、なるべく適量飲めるようにする。 ●子どもの様子を見ながら、午睡の時間を調節する。
●斜面の上り下りを楽しめるマットの山をつくっておく。 ●クッションなどで背もたれを用意する。	●お座りをするときは背後に一緒に座り、転倒しないように見守る。
●バスタオルなどを広げて敷き、落ち着いて過ごせる環境をつくる。	●ていねいに関わり、信頼関係が築けるようにする。
●音遊びを楽しむすず、手押し車やひもつき玩具などを用意する。 ●握りやすい玩具や、口に入れてもよい玩具を手を伸ばして握れる位置や距離に配置しておく。	●活動範囲が広がる子もいるので、子ども同士の衝突や周囲にけがにつながるものがないかを確認する。 ●少しずつ遠くに置くなど、子どもと玩具の距離や位置を工夫する。

食育
- 保育者と目を合わせながら、安心してミルクを飲む。
- 自分から口を動かして、離乳食をおいしく食べる。

反省・評価のポイント
- 好きな玩具をみつけられるような環境だったか。
- 子どもの動きや行動範囲の広がりに合わせ、安全に配慮できたか。
- 個々の子どもの体調の変化に気をつけながら、食事や睡眠がとれるようにできたか。

月案の項目別・指導計画のポイント

月案は、月の単位で区切った計画です。月案を作成する際は、クラス全体を見渡すとともに個々の発達の違いにも配慮しながら計画を立てていきます。

1 前月末の子どもの姿とは　保育者視点・過去形

「前月末の子どもの姿」は、前月にクラスの子どもたちがどんな体験をし、そのなかでどのような成長があったかを保育者を主語として記すものです。0・1・2歳児の場合は特に、発達や体験の様子がわかるように具体的に書きます。

表現のポイント

一人ひとりの状況がわかるように書くことが大切です。ネガティブな表現になりすぎることは、避けましょう。

○ 環境に慣れ生活リズムが整うことで少しずつ泣くことが減っていった。
✗ 泣いてばかりいた。

2 ねらいとは　子どもの姿・現在形

「ねらい」は、各月の、子どもたちに身につけてもらいたい力、体験してもらいたいことを示すものです。年間計画のねらいを達成するうえで各月にどのようなねらいを設定するか、または前月の子どもの発達や体験を踏まえてどう展開するか、2つの側面を考えて計画します。保育者が設定するものの、厳密には子ども自身のねらいですので、子どもを主語にして記します。

表現のポイント

従来は、心情（〜を楽しむ／〜を味わう）・意欲（〜しようとする）・態度（身につける／集団で〜する、ていねいに〜する）の要素を入れる、とされていましたが、それに加え今後は、「感じる」「気づく」「わかる」といった表現を使うとよいでしょう。単なる活動の列挙ではなく、子どもの自発的な姿を具体的に記します。

○ 園生活に慣れ、安心して過ごす。
✗ 保育者のそばで入眠する。（単なる活動になっている）

○養護のねらいとは　保育者視点・現在形

「養護のねらい」は、子どもの生命の保持、情緒の安定を図るために必要な「保育者の関わり」について、保育者視点で書きます。子どもの年齢と月齢、発達の状況を想定したうえで、感染症対策や生活や遊びの環境づくりのなかで気をつける点について記します。0歳児の場合は、特に養護的な関わりが大切であることを念頭に置いて、計画を立てることが大切です。

表現のポイント

養護は子どもたちが生活するための基礎となるものです。常に安定していることが大切ですので、養護のねらいは数か月にわたって同じこともあります。

> 🧑 **保育者視点** …… 保育者の視点で文章を書く。　🧒 **子どもの姿** …… 子どもの姿を書く。
> **現在形** ・ **過去形** ……それぞれ現在形（〜である）、過去形（〜であった）で文章を書く。

③ 内容とは　🧒 子どもの姿 ・ 現在形

「内容」は、「ねらい」を達成するために経験させたい姿を具体的に書きます。この際、個々の運動能力の発達、体力、季節感、またクラスの子どもたちがどのような遊びを好んでいるかなどを踏まえることも必要となります。保育者が援助しつつも、活動する主体は子どもですので、子どもを主語にして記します。

表現のポイント

「ねらい」よりも具体的に書くことが大切です。実際の活動と絡めて書いていきましょう。

- ⭕ 特定の保育者と視線を合わせたり、スキンシップをしたりして楽しむ。
- ❌ 特定の保育者とふれあう。
  （具体的な活動が書かれていない）

月案の「ねらい」と「内容」は、乳児保育における3つの視点（▶11ページ参照）に沿って作成することが大切です。

健やかに伸び伸びと育つ✚ ＝健康な心と体を育て、自ら健康で安全な生活をつくり出す力の基盤を培う。

身近な人と気持ちが通じ合う♥ ＝受容的・応答的な関わりのもとで、何かを伝えようとする意欲や身近な大人との信頼関係を育て、人と関わる力の基盤を培う。

身近なものと関わり感性が育つ♪ ＝身近な環境に興味や好奇心をもって関わり、感じたことや考えたことを表現する力の基盤を培う。

④ 健康・安全への配慮とは　🧑 保育者視点 ・ 現在形

子どもたちの生活面の基盤を支えるために重要な事項となります。健康や安全といった項目は、「養護」とも密接に関わってくるものです。「養護のねらい」の項目と内容が重なることもありますので、共通の項目としてもかまいません。しかし、自然災害だけでなく、不審者による事故も目立つ昨今は、とりわけ安全対策に重きを置く必要があります。かつては「行事」の項目に書かれていた避難訓練、防災訓練も、このたびの保育所保育指針改定で重視されていますので、この項目に避難訓練に関する詳細な配慮事項を特記します。

健康
- 感染症の予防
- 感染症が発生した際の対応
- 健康増進

安全
- 危険を防ぐための留意点
- 避難訓練、防災訓練

5 環境構成とは 〔保育者視点〕・〔現在形〕

「環境構成」では、「ねらい」を達成するために必要な環境をいかに構成するかを、保育者視点で記します。人的環境である保育者の声かけや援助については、❻の「保育者の関わりと配慮事項」に書きます。環境を準備するのは保育者ですが、あくまで子どもたちが主体性を発揮できるための環境構成です。

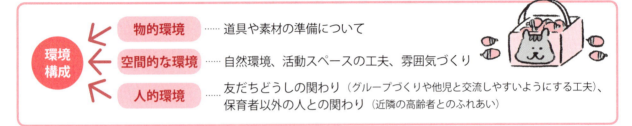

環境構成
- 物的環境 …… 道具や素材の準備について
- 空間的な環境 …… 自然環境、活動スペースの工夫、雰囲気づくり
- 人的環境 …… 友だちどうしの関わり（グループづくりや他児と交流しやすいようにする工夫）、保育者以外の人との関わり（近隣の高齢者とのふれあい）

6 保育者の関わりと配慮事項 〔保育者視点〕・〔現在形〕

「保育者の関わりと配慮事項」とは、活動の過程で、子どもの気持ちを受容したり共感したりしながら、必要に応じて行う働きかけのことです。常に子どもと同じ目線に立ち、子どもの行動や言葉を受け止めたうえで意思のキャッチボールをする、提案をして子どもが自分で答えを導き出せるようにいざなうなど、子どもがみずからものごとに関わっていく主体性を引き出せるような関わり方を考えながら、保育者視点で書きましょう。先回りして手を出しすぎることなく、また情緒の安定や安全に配慮しながら対応することを意識します。

表現のポイント
この項目は、「〜させる」という表現をなるべく避けることが、子どもの主体性を引き出す姿勢にもつながっていきます。

7 職員との連携とは 〔保育者視点〕・〔現在形〕

長時間保育では、登園・降園で担当の保育者が異なることがあるため、子どもや保護者に対する伝達事項や情報を共有し、引き継ぎをしっかりと行うことが必要です。「職員との連携」では、日々の連絡事項に加え、行事の際の役割分担など、活動のなかの共通理解について、保育者視点で書きます。感染症、体調不良の子どもが出やすい時期などは特に申し合わせや情報管理が重要となります。保育者同士だけでなく調理師、嘱託医、看護師、保健師との連携体制についてもここに記します。

月案の項目別・指導計画のポイント

8 家庭・地域との連携　保育者視点・現在形

　0・1・2歳児では特に、健康状態や日々の成長の様子を細かく報告し合い、家庭との信頼関係を築くことが大切です。保護者の方々とともに子どもを育てる意識をもって、保護者の方にお願いすることや知っておいてほしい事柄を記します。

　地域の方々との連携については、運動会や行事の際にあらかじめ告知をしておき、園の活動を知ってもらうことはトラブルの防止、良好な関係を築くことに影響します。そのほか、地域の夏祭りの際に自治会と連携するなど、地域の方々との交流をもつことが、園に通う子どもたちを「みんなで見守る」環境づくりにつながります。

9 食育　子どもの姿・現在形

　「食育」は、0・1・2歳児では特に、「ねらい」や「内容」と重なる部分もあります。食育というと、「行事食を楽しむ」「食材の名前に興味をもつ」などの項目があげられることが多くなりますが、基本的には「おいしさを感じて食べることを楽しむ」「積極的に食べようとする」ことを軸としていきましょう。早いうちから食事マナーに力を入れる園もありますが、就学前の段階で最も大事なのは、食事を楽しむ心を育てることです。そのための取り組みや工夫、季節感のある食体験について考え、子どもを主語にして書きましょう。

10 反省・評価のポイント　保育者視点・過去形

　月の終わりに月案を振り返り、「ねらい」を達成できたか、子どもがどのような体験をしてどのような力が育ったか、適切な援助ができたかなど、保育者が自身の保育に対する反省と評価を記します。反省・評価の対象になるのは「子どもが〜できたか」ではありません。子どもたちの活動の様子、子どもの発達に対して、保育者がどのように関われたのか、環境づくりや立案、援助のしかたなどについてうまくいったこと、無理があった点を冷静に振り返ります。この反省と評価は、次月、そして先々の計画づくりの大事な根拠となっていきます。

個人案・乳児保育のポイントについて

0歳児（乳児）の保育においては、個別的な対応がメインとなるため、指導計画の中心となるのは個人案になります。ここでは、個人案のポイントと、0歳児ならではの保育のポイントについて見ていきましょう。

1 個人案とは

● どんな計画？

個人案は、0・1・2歳児の場合に立てる個別の子どもの指導計画です*。0・1・2歳児は発達の個人差も大きく、入所の時期や月齢によっても関わりが違ってくるため、個人案を立てる必要があるのです。

● どんな内容？

個人案は月ごとに作成します。
一人ひとりの発達や興味など、子どもの現状に合わせて柔軟に計画を立て、月の後半になったらその月の課題を振り返り、前月と比べるとどの部分が変わったのかを中心にみて、次の月の課題へとつなげていきます。

● 誰が立てるの？

担当養育制をしいている場合には、担当の保育者が書きます。そうでない園でも、その子にメインで関わっている保育者が書きます。細かく具体的に子どものようすを把握している保育者が立案することが必要なのです。

● 大切なこと

個人案には「次月の課題をみつけ出す」という観点があるため、どうしてもネガティブな部分が書かれることが多くなります。しかし、前月と比べてどの部分ができるようになったのか、次の課題は何なのか、ということを記録していけるとよいでしょう。

一人ひとりの発達に合わせた個人案

一人ひとりの発達の段階に合わせた計画を立てるには、子どもの性格や、現在何ができるようになって、何が課題なのかを把握しておくことが必要です。食事、排泄、身のまわりといった生活習慣のことから、運動面の発達、人間関係などの観点から、その子どもが前月や前週に比べて少しずつできるようになったこと、気持ちのうえでの変化を記録することが、その子に合った個人案の立案へとつながります。

▶ 各月の「配慮事項・発達援助別」個人案の 発達援助 を参照しましょう。

気になる子の個人案

感情のムラが多い、泣きやまないなど「気になる子」の個人案を書くときには、その子ども自身の内面や行動の特徴・変化をできるだけ細かく記録し、不安や不満を感じている理由をみつけていくことが大切です。保育者自身がその子どもとの関わり方が「わからない」と思う気持ちが、その子を「気になる子」にみせてしまっているという側面もあるのです。また、子どもは不安や不満を感じていてもそれを説明できませんから、家庭で何か変わったことがなかったかを、保護者の方に聞くことも大切な鍵となります。

▶ 各月の「配慮事項・発達援助別」個人案の 気になる子 を参照しましょう。

---

*2歳児クラスの個人案……2歳児クラスに在籍する3歳児については、3歳未満児と同様、個人案を作成する。

❷ 乳児保育のポイント（保健・食）とは

● なぜ０歳児は保健的な対応が必要なの？

　乳児（０歳児）は、感染症などさまざまな病気への抵抗力が弱く、また心身の機能がまだ未熟なため、０歳児クラスの子どもたちは非常に病気にかかりやすい状況といえます。そのため、０歳児クラスの保育者は、一人ひとりの発達状況や健康状況について適切な判断を行い、保健的対応を行えるようにしておきましょう。

● 具体的にはどんな対応が必要なの？

　発達の個人差が大きく、また、途中入園の子も多い０歳児クラスでは、まず一人ひとりの状況をよく把握しておくことが大切です。そのためには、保護者との連携が不可欠になります。常に心身の状況を観察し、疾病や異常は早く発見し、速やかに適切な対応を行うようにしましょう。

▶ 各月の「乳児保育のポイント・保健」を参照しましょう。

● ０歳児クラスならではの食の配慮事項は？

　０歳児は、乳汁・ミルクから離乳食、完全食へと移行していく時期です。離乳食のすすめ方にも個人差がありますので、保護者と連携しながら一人ひとりの発達の状況に合わせてすすめていくことが大切です。また、どの時期であっても「食事（哺乳）をするのが楽しい」と思えるような雰囲気づくりを心がけましょう。

▶ 各月の「乳児保育のポイント・食」を参照しましょう。

 ## はじめて指導計画を立てるときのポイント

　この春からはじめて担任になり、はじめて指導計画を立てるという方もいるでしょう。はじめて指導計画を立てるときには、どのようなことがポイントとなるのでしょうか。

①学生時代に学んだ資料を活用する

　いざ保育の現場に立つと、はじめての体験ばかりで困惑しがちですが、そんなときは学生時代に慣れ親しんだテキストや実習ノートを開きましょう。園によって力を入れていることや方針に違いはあっても、基本はかつて学んできたことのなかにあります。保育者という職業に憧れ、地道に勉強を重ねてきた努力に自信をもって計画を立ててみましょう。

②わからないことは先輩に聞く

　何を書いてよいかわからなかったり迷ってしまったりしたときは、一人で悩まずに、できるだけ早く先輩の保育者に聞くのが一番です。「忙しそう……」と遠慮してしまいがちですが、聞かれなければ、何がわからないのかがわかりませんから、遠慮せずに聞きましょう。園の方針や決まったフォーマットなどもありますから、慣れている人に聞くのが早道です。

③目の前の子どもたちをよく見る

　そして何よりも、目の前の子どもたちをしっかりと見ることが重要です。次の週に反映させていく子どもたちの表情の変化やちょっとした成長に目配りし、記録していくほどに、変化に気づく目も養われていきます。子どもたちができるようになったことをともに喜び、気づいたことを翌月、翌週の計画にいかに反映させていくかを意識することで、一人ひとりの子どもたちに合った計画がつくれるようになります。

個人案の見方のポイント

一人ひとりの子どもに寄り添い、子どもの現在の姿をとらえながら発達に応じた援助ができるように計画を立てます。

5月 個人案 低月齢児・高月齢児

CD-ROM → 0歳児_個人案 → p56-p59_5月の個人案（低月齢児・高月齢児）

	低月齢児 Aちゃん 4か月（女児）	低月齢児 Bちゃん 7か月（男児）
前月末の子どもの姿	● 哺乳瓶に慣れ、少しずつ飲めるようになってきた。 ● 睡眠のリズムが整わず短期間で目覚め、浅い眠りを繰り返すことが多かった。	● 他児の泣きにつられて泣くことがあったが、保育者がそばにつくと安心する様子が見られた。
ねらい	✚ 園生活に慣れ、ミルクを適量飲む。 ✚ 落ち着いた環境で安心して眠る。	✚❤ 園生活に慣れ、保育者のそばで安心して過ごせるようにする。
内容	✚ 安心してミルクを飲み、飲む量が安定する。 ✚ しっかりと午睡をとる。	❤ 安心できる保育者に抱っこしてもらったりあやしてもらったりし、機嫌よく過ごす。
保育者の援助	● ミルクを適量飲めるよう、途中で休憩をはさむなどの工夫をする。 ● 午前睡が長くなり、午睡が短くなってしまわないように調整する。	● 特定の保育者が関わることで、本児の欲求を一つひとつ満たせるようにする。 ● あやしたり、スキンシップをとったりしながら心地よく過ごせるようにする。
振り返り	● 寝入りの際に授乳をすると、よく飲むようになった。 ● 睡眠もよくとれるようになったため、引き続き生活リズムを整えていく。	● 機嫌のよいときは、保育者の声かけに喃語を発することもあった。 ● 個別の関わりを大事にし、人との関わりを広げていけるようにしていく。

ポイント！保育者の思い
保育者との愛着関係が築かれるよう、1対1でのやりとりを大切にしましょう。

前月末の子どもの姿
前月の生活や遊びのときの子どもの様子を、今月のねらいや目標とつながるように具体的に書きます。

ねらい
「前月末の子どもの姿」を受けて、今月の目標を具体的に書きます。

内容
「ねらい」を実現するために必要な、その子どもに経験させたい事柄を書きます。

振り返り
この月を振り返り、それぞれの子どもの姿について小さな成長や変化を見逃さずに記録します。また、保育者の環境構成や援助が適切だったかを検討し、記し、次月のねらいへとつなげます。

低月齢児・高月齢児

0・1歳児クラスでは月齢による差が大きいので、4月時点の月齢が6か月未満（1歳児クラスの場合には1歳〜1歳6か月未満児）を低月齢児、7〜12か月未満（1歳児クラスの場合には1歳7か月〜2歳未満児）を高月齢児として、保育内容を分けることが一般的です。

✚…健やかに伸び伸びと育つ　♥…身近な人と気持ちが通じ合う　♪…身近なものと関わり感性が育つ

高月齢児 Cちゃん 10か月（男児）	高月齢児 Dちゃん 12か月（女児）
● 玩具に興味を示し、ずりばいで体を動かそうとする姿がよく見られた。 ● 座位が安定せず、前に倒れそうになることがあった。	● 活動の節目になると、不安な気持ちから保育者の後を追いかけることがあった。 ● 散歩中は、落ち着いて楽しむ姿が見られた。
✚ 園生活に慣れ、身体を動かすことを楽しめるようにする。	✚ 園での生活リズムに慣れ、落ち着いて過ごせるようにする。
✚♪ 安全な場所で、ずりばいや四つばいで思いきり体を動かす。	✚♪ 家庭とは違う環境のなかでも、しっかりと睡眠をとる。
● けがのないよう、探索活動を見守る。 ● 座位で後ろに倒れてしまうことがあるため、必ず近くで見守る。	● 活動を促すことで、眠りが深くなり、しっかりと午睡をとれるようにする。
● トンネルや柵につかまり立ちすることが多かった。 ● 安全に過ごせるように、近くで手を添えるなどして関わっていく。	● 不安定になり泣くこともあったが、落ち着いて過ごせる時間が増えた。 ● 不安な気持ち、甘えたい気持ちを受け止め、スキンシップをしていく。

5月　個人案　低月齢児・高月齢児

ポイント！ 保育者の思い
家庭での様子を保護者の方によく聞き、安心して生活できるようにしましょう。

マーク

個人案の「ねらい」「内容」は、乳児保育の3つの視点（▶9ページ参照）に沿って作成することが大切です。マークを参考に作成しましょう。

✚ **健やかに伸び伸びと育つ**＝健康な心と体を育て、自ら健康で安全な生活をつくり出す力の基盤
♥ **身近な人と気持ちが通じ合う**＝受容的・応答的な関わりのもとで、何かを伝えようとする意欲や身近な大人との信頼関係を育て、人と関わる力の基盤
♪ **身近なものと関わり感性が育つ**＝身近な環境に興味や好奇心をもって関わり、感じたことや考えたことを表現する力の基盤

個人案でよく使われる表現

本児（ほんじ）…その子どもという意味。
他児（たじ）…その子ども以外の子どもという意味。
食具（しょくぐ）…スプーンやフォークのこと。

〈個人案〉
配慮事項・発達援助別の見方のポイント

特に個人差の大きい0歳児では、一人ひとりの配慮事項や発達に合わせた個人案を作成することが大切です。

5月 個人案 配慮事項・発達援助別

CD-ROM → 0歳児_個人案
→ p56-p59_5月の個人案（配慮事項・発達援助別）

前月末の子どもの姿
前月の生活や遊びのときの子どもの様子を、今月のねらいや目標とつながるように具体的に書きます。

ねらい
「前月末の子どもの姿」を受けて、今月の目標を具体的に書きます。

内容
「ねらい」を実現するために必要な、その子どもに経験させたい事柄を書きます。

振り返り
この月を振り返り、それぞれの子どもの姿について小さな成長や変化を見逃さずに記録します。また、保育者の環境構成や援助が適切だったかを検討し、記し、次月のねらいへとつなげます。

	発達援助　食事　4月（男児）ミルクをたくさん飲む	気になる子　健康・安全　5か月（男児）ほとんど寝ない
前月末の子どもの姿	●ミルクを飲むスピードが速く、授乳後、吐乳する姿が見られた。	●寝つきが悪く、ぐずってなかなか寝られなかったり、寝ても短時間で起きてしまったりする。
ねらい	＋ゆったりとした授乳時間を過ごし、満足感を得る。	＋遊ぶ時間と寝る時間のリズムをつくる。
内容	＋特定の保育者のもと、安心して満足するまでミルクを飲む。	＋覚醒時は保育者とゆったり遊ぶ。＋落ち着いた気持ちでゆったり眠る。
保育者の援助	●授乳後は吐乳する場合に気をつけ、うつぶせで遊ばないようにさせる。●授乳のときは、優しく目を見つめ、ゆったりした時間をつくるように配慮する。	●眠る前に体や眉間をマッサージしたり、足を温めたりしてリラックスできるようにする。●厚さや重さ、触り心地の異なる寝具に変えてみる。
振り返り	●落ち着いて授乳できるように優しく言葉がけをしたことで、ゆったりとした時間のなか満足のいくまでミルクを飲めるようになった。	●寝具を変えたり、マッサージで体をほぐしたりすると寝られるようになった。
保護者への配慮事項	●吐乳したときの対処法や排気（げっぷ）の促し方について、保護者と確認しておく。	●家庭での生活リズムについて保護者に話を聞く。可能であれば、家での過ごし方の記録をお願いする。

ポイント！保育者の思い
授乳後の排気をていねいにさせ、吐乳に気をつけます。

感覚の過敏があることも想定し、寝具や服装、寝る場所など環境調整をしましょう。

ポイント！保育者の思い
その子への関わり方のポイントや、保育者としての心構えについて表しています。

気になる子・発達援助

「気になる子」の項目では、感情のムラが多い、泣きやまないなど、気になる子の特徴別の個人案を掲載しています。
「発達援助」の項目では、個人差が大きい0歳児の保育において、発達の段階別、項目別の個人案を掲載しています。

マーク①

個人案の「ねらい」「内容」は、乳児保育の3つの視点（▶9ページ参照）に沿って作成することが大切です。マークを参考に作成しましょう。

✚ **健やかに伸び伸びと育つ**＝健康な心と体を育て、自ら健康で安全な生活をつくり出す力の基盤
♥ **身近な人と気持ちが通じ合う**＝受容的・応答的な関わりのもとで、何かを伝えようとする意欲や身近な大人との信頼関係を育て、人と関わる力の基盤
♪ **身近なものと関わり感性が育つ**＝身近な環境に興味や好奇心をもって関わり、感じたことや考えたことを表現する力の基盤

✚…健やかに伸び伸びと育つ　♥…身近な人と気持ちが通じ合う　♪…身近なものと関わり感性が育つ

発達援助　▲運動	気になる子　♥人間関係
8か月（女児） つかまり立ちをし始めた	9か月（女児） 視線が合いにくい
●盛んにはいはいをするなかで、つかまり立ちをする姿が見られた。	●他者に関心を示すことが少なく、一人で遊ぶことが多かったり、視線が合いにくかったりする。
✚つかまり立ちやはいはいで意欲的に体を動かす。	♥さまざまな遊びをとおして、保育者とのコミュニケーションを楽しむ。
✚興味のある玩具を手にするために、自らすすんでつかまり立ちをしようとする。	♥♪ふれあい遊びや手遊び、簡単なやりとり遊びをとおして、相手の簡単な意図に気づき、やりとりを楽しむ。
●手をかけやすい高さにクッションを置くなど、つかまり立ちをしやすい環境をつくる。 ●バランスを崩して転倒する恐れがあるので、周囲の危険なものを片づけておく。	●斜視や聞こえの問題がないか注意深く観察する。 ●日々の世話やふれあい遊びの際にたくさん言葉がけをする。
●柵に興味のある玩具を置き、声かけをしたことで、自らつかまり立ちをしようとする姿が見られた。	●目が合うことは依然として少ないが、ふれあい遊びなどは楽しみ、要求の指差しをするようになった。
●つかまり立ちをするようになったことを伝え、けがをしない環境を家庭でもつくるように伝える。	●家庭でも手軽にできる遊びや言葉がけなどを具体的に伝えて、家庭でも取り組んでもらうようにする。

5月　個人案　配慮事項・発達援助別

そばで見守り、安全への配慮を欠かさないようにします。

心地よいコミュニケーションを積み重ね、他者への関心を高めていきましょう。

マーク②

それぞれのマークは、個人案を見るときに大切な観点を表しています。

運動 ▲＝全身の運動機能の発達、活発に運動しようとする意欲などについて。
食事 ＝自分で食べようとする意欲、食具の使用、食べ物への関心の育ちなどについて。
身のまわり ＝衣服の着脱や排泄、片づけや清潔の意識などについて。
人間関係 ♥＝保育者や他児と関わろうとする姿勢、感情や自己主張の育ちなどについて。
言葉 ＝言葉の発達、伝えようとする意思や会話を楽しもうとする意識の育ちなどについて。
健康・安全 ✚＝安心して生活することができるようになる、健康保持などについて。
学びの芽 ＝遊びや人との関わりから生まれる、学びに向かう力について。

年度の最初に立てる計画のポイント

● 年間指導計画　● 食育計画　● 保健計画　● 避難訓練計画

年度の最初に立てる計画は園全体のカリキュラムと関わっているものが多く、
指針改定の影響を大きく受けます。改定で変わった点と立案の流れ、ポイントを見ていきましょう。

❶ 年間指導計画立案の流れとは？

　年間指導計画は、全体的な計画（これまでは保育課程と呼ばれていたもの）をもとに作成されます。通常の場合は前年度のものをベースに作成されます。しかし、今回のように指針が改定されたときにはカリキュラムや園の目標そのものが見直されます。それによって、年間指導計画にも当然、見直しの必要が出てくるのです。

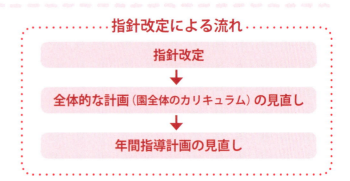

指針改定による流れ

指針改定
↓
全体的な計画（園全体のカリキュラム）の見直し
↓
年間指導計画の見直し

❷ 指針改定でどこが変わったの？　ポイントは？

　では、どこが変わったのでしょうか。これまでは各園がそれぞれ保育目標を立てていましたが、今回、「10の姿」（▶7ページ参照）が示されたことによって、「10の姿」をベースにした形で今後は目標が立てられることになります。

　「10の姿」は、年長児になってから急にめざすものではありません。0歳児から5歳児までのさまざまな体験をとおして成長していくことでだんだんと向かっていくものですので、0歳児のときから最終的には「10の姿」がある、ということをイメージして、年間指導計画を立てていくことが大切になります。

▶くわしくは、30、31ページへ

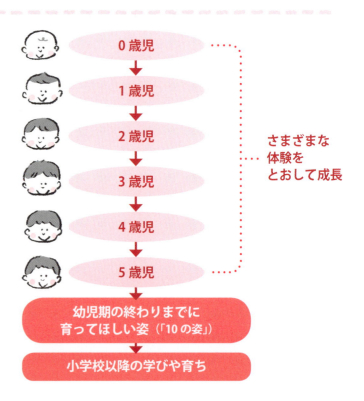

0歳児
↓
1歳児
↓
2歳児
↓
3歳児
↓
4歳児
↓
5歳児
↓
幼児期の終わりまでに育ってほしい姿（「10の姿」）
↓
小学校以降の学びや育ち

さまざまな体験をとおして成長

3 食育計画はどんな計画？ どう変わったの？

　食育計画には、年間の食育計画と、短期の食育計画（▶月案の「食育」の項目を参照）があります。給食の献立自体は、調理員と栄養士が中心になって作成します。その献立や行事食をもとに、子どもたちの活動として、どのような食にまつわる体験をさせていくか、ということを食育計画に反映させていきます。今回の指針改定により、食育の要素が5領域の「健康」のなかに入りました。食育計画だけでなく、ふだんの保育のなかでも食育の要素を意識することが大切です。

▶くわしくは、32、33ページへ

4 保健計画はどんな計画？

　保健計画は、健康診断や予防接種の日程を中心に立案していきます。特に1歳未満児は身体測定が頻繁に行われるので、職員の共通理解のために計画を周知することが大切です。指針改定の影響はありませんが、重要な計画であることに変わりはありません。

▶くわしくは、34、35ページへ

5 避難訓練計画はどんな計画？ どう変わったの？

　避難訓練計画は、年のなかでどのような災害対策をするかを定める計画です。今回の指針改定により、災害対策の重要性が盛り込まれました。火災、地震、不審者対応を想定した訓練のほか、地域によっては、津波の避難訓練も必要となります。

　1歳未満児の場合は、避難訓練についての理解は難しいので、保育者自身が避難経路を確認します。1歳以上児については、年齢ごとにできることが異なってきますが、避難訓練の体験をすることそのものが、実際に災害が起きたときに重要な意味をもつと考えましょう。

▶くわしくは、36、37ページへ

年間指導計画

◉ CD-ROM → 📁 0歳児_年間指導計画

ポイント
年間目標とは、1年の最後にどのようなことを経験させたいかを表すものです。

年間目標	●保育者との信頼関係をもとに、安心して周囲と関わる。 ●一人ひとりの発達に応じ、伸び伸びと身体活動を楽しむ。	

ポイント
期は3か月ごとに区切って示されます。それぞれの期において予想される発達の段階や季節ごとの行事を考慮し、計画を作成します。

期		第1期 （4月～6月）	第2期 （7月～9月）
ねらい		●園の環境に無理なく慣れ、安心して過ごす。 ●特定の保育者との信頼関係を築いていく。	●沐浴や水遊びなどをとおして夏の遊びを楽しむ。 ●生活リズムが整い、落ち着いて園生活を過ごす。
保育内容	♪身近なものと関わり感性が育つ ♥身近な人と気持ちが通じ合う ✚健やかに伸び伸びと育つ	✚手足を動かしたり、首の向きを変えたりしようとする。 ♥保育者の声かけやスキンシップを喜ぶ。 ♪音のする玩具を目で追うことを楽しむ。 ✚保育者の介助で楽しく食事をする。 ✚おむつを交換してもらい、きれいになる気持ちよさを感じる。 ✚つかまり立ち、つたい歩きを楽しむ。	✚睡眠時間が長くなり、生活リズムが整ってくる。 ♥保育者と指差しや喃語でのやりとりを楽しむ。 ♪水にふれてみて、感触を味わう。 ✚保育者に清潔にしてもらうことを喜ぶ。 ✚舌で食材をつぶしながら食べる。 ✚全身を使って遊んだり、園庭を歩行したりすることを楽しむ。
養護及び関わりのポイント		●新しい環境に慣れ、落ち着いて過ごせるようていねいに関わる。 ●おむつ交換時や授乳時には、特定の保育者が1対1で関わり、安心感や心地よさが感じられるようにする。	●個々の生活リズムを把握し、安心して過ごせるようにする。 ●個々の発達に合わせて玩具や環境を整え、思い切り体を動かして遊べるよう援助する。
環境構成のポイント		●SIDSや窒息事故を防ぐため、睡眠環境を整え、あおむけに寝ているかどうかをこまめに確認する。 ●できるだけ特定の保育者が関わり、安心して過ごせるようにする。	●沐浴など水を使う遊びのときには、安全面に配慮し、事故がないよう目配りをする。 ●室内外の温度、湿度に留意する。
家庭との連携		●産休、育休明けの保護者の気持ちに寄り添い、園での様子をこまめに伝える。 ●登降園時に健康状態や変わった点がないかを確認し、共通理解をはかる。	●連絡帳を通じて保護者が園での子どもの様子を把握できるようにする。 ●動きが活発になってくるので、子どもの動きに合わせた衣類の準備をお願いしておく。

30

年間計画立案のポイント

年間指導計画とは、各園の全体的な計画に沿いながら、園全体の共通目標に向けて、子どもたちにどのような経験をさせ、どのような力を身につけてもらいたいかということを年齢ごとに示すものです。

第3期（10月～12月）	第4期（1月～3月）	
●見る、聞く、触るなどの経験をとおしてさまざまなことに関心をもつ。 ●一人ひとりの発達に合った全身運動を楽しむ。	●絵本やリズム遊びに興味をもち、楽しむ。 ●進級に向けて意欲的に生活する。	**ポイント** ねらいは、それぞれの期で子どもたちに身につけてもらいたい力や、経験してもらいたいことを示すものです。
✚はう、つかまり立ち、つたい歩きなど移動運動を楽しむ。 ♥保育者の身振りをまねしたり、手遊びをしたりしてやりとりを楽しむ。 ♪バギーでの散歩をとおして、秋の雰囲気を味わう。 ✚自分で移動し、思い思いに探索活動を楽しむ。 ♥他児に興味をもち、関わりをもとうとする。 ✚♪握る、ちぎるなどの動作がある遊びを楽しむ。	✚戸外での遊びやリズム遊びなど、寒さに負けず、元気に体を動かす。 ♥簡単な単語で保育者とのやりとりを楽しむ。 ♥保育者に絵本を読んでもらい、言葉の繰り返しを楽しむ。 ✚自分でやりたい気持ちが芽生え、身のまわりのことを行おうとする。 ♥保育者や他児と関わりながら遊ぶことを楽しむ。 ♪指先を使った感覚遊びを楽しむ。	**ポイント** 保育内容は、5領域に沿って、ねらいを達成するために子どもたちが体験する事柄を具体的に示すものです。
●喃語や身振りなどでのやりとりが楽しめるよう、ていねいに関わる。 ●子どもの欲求や不快さを示すサインを見逃さずとらえ、気持ちに寄り添うように関わる。	●指差しや単語でのやりとりを楽しめるよう1対1で関わる時間をとる。 ●身のまわりのことを自分でやってみようとする気持ちを認め、励ましたり、さりげなく手伝ったりする。	**ポイント** 養護及び関わりのポイントは、子どもたちがねらいを達成するために必要な保育者の関わりを示すものです。
●戸外での活動を多く取り入れ、自然に親しみながら十分に体を動かして遊べるようにする。 ●散歩コースは事前に下見し、危険な場所がないか確認しておく。	●一人ひとりの発達に合わせて落ち着いて机上の遊びができるよう、場所を確保したり、区切ったりする。 ●進級に向け新しい環境に慣れるよう1歳児クラスでの活動を設定する。	**ポイント** 環境構成のポイントは、ねらいを達成するために必要な、保育者の準備や配置について示すものです。
●感染症にかかりやすくなる時期なので、健康状態や予防接種の状況を把握しておく。 ●離乳食の内容や進行状況についてわかりやすく伝える。	●感染症の流行期なので、子どもの体調に異変がないか、保護者と共通理解をとる。 ●1年間でできるようになったことを伝え、子どもの成長をともに喜ぶ。	**ポイント** 家庭との連携は、子どもたちがねらいを達成し、安心して園生活を送るため、保育者と保護者が連携しておく事柄を示すものです。

食育計画

◉ CD-ROM → 📁 0歳児_食育計画

どんな計画なの？
食育計画とは、乳幼児期にふさわしい食生活が展開され、適切な援助が行われるようにするためのものです。食育計画は、保育園の全体的な計画に基づいて、年間計画や月案・週案とも関連づける形で作成されます。

誰が作成するの？
食育計画は、施設長（園長）の責任のもと、保育者、調理員、栄養士、看護師等の職員が協力して作成されるものです。「食を営む力の育成」に向けて、創意工夫しながら食育を推進していくための基礎となるものです。

20○○年度　食育計画

園全体のねらい：「食に関心をもつ」「食を楽しむ」「食のマナーを身につける」

0歳児クラスのねらい：授乳や離乳食をとおして、食べることに関心をもつ。

	期	第1期 （4月～6月）	第2期 （7月～9月）
0歳児	内容	〈授乳期〉 ● 安心できる保育者との関わりのなかで、ミルクや母乳を飲む。 ● 満腹感を感じる。 ● 授乳の間隔が安定する。 ● 落ち着いた雰囲気のなかで過ごす。	〈離乳期〈5～6か月〉〉 ● スプーンを口に入れることに慣れる。 ●「おいしいね」という言葉がけに反応し、口に入れたものを飲み込む。 ● いろいろな食べ物に慣れていく。 ● 保育者のはたらきかけで、口を自分から開く。
	振り返り	● 最初は哺乳瓶からの授乳を嫌がる子どももいたが、徐々に慣れ、気持ちよさそうに飲むようになった。 ● 満腹すると満足そうな表情をみせるようになった。	● 口に入れた食べ物を出そうとすることが多かったが、少しずつゴックンができるようになった。 ● 気に入った離乳食のときは、自分から「もっと」というように口を開ける様子が見られた。

「園全体のねらい」とは
園共通の内容として、食やそれに関連する事柄に子どもが興味・関心をもち、食は楽しいというとらえ方をするための目標です。

「0歳児クラスのねらい」とは
ミルクや冷凍母乳から離乳食、さらに幼児食への移行期のため、それぞれの時期で食事が楽しいものと感じられるようにするための目標です。

ポイント第1期
保育者の言葉がけに反応し、満腹感を表情で示すようになる時期です。保育者に安心感をもつようになるのもこの時期です。

ポイント第2期
ミルクや冷凍母乳だけでなく、少しずつ食べ物に慣れていく時期です。無理強いをしないことも必要です。

食育計画立案のポイント

食育計画は、指導計画と関連づけて、作成する。
「保育所保育指針」の改定により、保育内容「健康」に食育の内容が入ったので、月案などに示される保育内容との関連性がますます重要になりました。

食育計画は、各年齢をとおして一貫性のあるものにする。
1年をとおして目標が達成されるような計画にすることが大切です。

食育計画を踏まえた保育の実践や子どもの姿の評価を行う。
評価に基づいて取り組みの内容を改善し、次の計画や実践につなげましょう。

予定：給食の見本表示・食材の産地紹介（毎日）
　　　献立・給食だより（毎月）

第3期 （10月～12月）	第4期 （1月～3月）
〈離乳期〈7～8か月〉〉 ● 舌で食材をつぶしながら食べる。 ● 椅子に座って食べさせてもらうようになる。 ● 離乳食に使える食材が少しずつ増える。	〈離乳期〈9～12か月以降〉〉 ● 手づかみ食べを楽しむ。 ● 一口分の食事の量がわかる。 ● 食べたいものを指差すようになる。 ● 食具をもって食べようとする。
● モグモグが下手だった子どもも、少しずつ口を動かせるようになり、上手に食べることができるようになった。 ● 野菜を見せるとイヤイヤをしていた子どもも、少しずつ慣れ、興味をもつようになった。	● かんで食べることができるようになり、いろいろなかたさのものが食べられるようになった。 ● 食具に興味をもつようになり、自分でもってみようとするようになった。 ● 手づかみ食べを盛んにする姿が見られた。

「予定」とは
期ごとにどのような経験をさせたいかを書く項目です。園全体で作成しますが、子どもの年齢によって体験することは異なります。たとえば、1歳児は大きな農作物の収穫はまだ難しいので、年長児の様子をみて、興味をもつといったような形で関わりを書きます。

月齢別の表示
月齢ごとに内容を示すのは、日々成長する年齢で、食べられる食材、食具に違いがあるためです。

ポイント第3期
いろいろな食べ物に挑戦するようになる時期です。子どもが嫌いにならないように配慮しながら食べさせることが大切です。

ポイント第4期
食べものを手でつかんで口に運び、食べようとする時期です。成長段階のなかで、大切な行動です。

保健計画

◎ CD-ROM → 📁 0歳児_保健計画

20○○年度　年間保健計画

年間目標	● 子どもが安心して安全に生活できる ● 健康、安全などに必要な基本的習慣・態度を養い健康の基礎を養う ● 子ども一人ひとりが心身ともに健やかに成長する	

期	第1期（4月～6月）	第2期（7月～9月）
目標	● 新しい環境に慣れる ● 生活リズムを整える ● 戸外で元気に遊ぶ ● 梅雨の時期を清潔に過ごす	● 休息のとり方に気をつける ● 暑さに負けない体づくり ● 歯みがきをていねいに行う ● 食品の衛生管理に気をつける
活動内容	● 身体測定（4月のみ頭囲、胸囲も） ● 幼児健診（月1回） ● 乳児健診（0、1歳児毎週） ● 歯科検診（6月） ● プール前検診（6月眼科、耳鼻科・内科検診） ● 献立表チェック（毎月） ● 食物アレルギーの見直し（毎月）	● 身体測定 ● 幼児健診（月1回） ● 乳児健診（0、1歳児毎週） ● 歯科歯みがきチェック ● 熱中症対策 ● プール水質管理 ● 水いぼ、とびひなど感染症対策 ● 献立表チェック（毎月） ● 食物アレルギーの見直し（毎月）
保護者への働きかけ	● 登園許可証について ● 生活リズムの大切さを伝える ● 歯科検診の報告 ● 感染症が発生した場合のお知らせ	● プール感染症についてのお知らせ ● 紫外線と水分補給について ● 冷房使用時の適温などについて ● 夏の休息のとり方について
留意点	● 新入園児の既往歴、体質など健康状態の把握 ● 進級に伴う体調の変化に留意する ● 園内の危険チェックの見直し	● 歯科受診状況、治療結果の把握 ● プール開始までに感染性疾患の治療が終わっているかどうかの把握 ● 熱中症予防
職員	● 職員検便検査（毎月） ● 職員健診 ● 乳幼児突然死症候群講習 ● アレルギー児の対応確認	● 職員検便検査（毎月） ● 食物アレルギー児の対応確認（変更児） ● 水難救助講習
保健だよりの内容	● 生活のリズム ● 手洗い、爪切り ● 梅雨時期の衣類の取り扱い ● 食中毒予防	● 生活のリズム ● プール、水遊び ● 日焼け、あせもなどの対策 ● 水分補給と休息について

年間目標とは　健康で安心、安全な環境のなかで過ごせるように設定される目標のことです。

目標とは　それぞれの期で達成すべき目標を設定します。

活動内容とは　それぞれの期で行う保健活動の予定を記載します。

保護者への働きかけとは　保護者に伝えるべきこと、気をつけてほしいことなどを記載します。

留意点とは　季節や子どもの成長をもとに、保育者が気をつけるべきことを記載します。

職員とは　職員が行う健診などを記載します。

保健だよりとは　園で行う取り組みを保護者にわかりやすく示すものです。

どんな計画なの？

保健計画とは、園児の発達・心身の状態・家庭の状況などに配慮し、健康で安心、安全な環境のなかで過ごせるように、年間目標に基づいて1年を4期に分けて季節ごとに作成するものです。園全体での計画なので0～5歳すべてに対応する共通の計画です。

誰が作成するの？

保健計画は、施設長（園長）のもと、全職員が参画し、共通理解と協力体制のもと創意工夫して作成します。

0歳児はめざましい身体の発育が見られる時期です。保育者も測定のしかたを理解しておきましょう。

● 身体測定ではかる項目

① 身長
② 体重
③ 頭位・胸囲

● 体重・身長の増加の目安

	出生時	3か月	1歳
体重	約3kg	約6kg 2倍	約9kg 3倍
身長	約50cm		約75cm 1.5倍

● 0歳児の体重のはかり方

● あおむけにして、静かに体重計に載せます。
● 首がすわっていない乳児の場合は頭が水平になるようにします。

● 0歳児の身長のはかり方

● 2人ではかります。
● 一人が頭を固定し、もう一人が片足を伸ばしてはかります。
※片足を伸ばすときには股関節脱臼（こかんせつだっきゅう）に気をつけましょう。

第3期（10月～12月）	第4期（1月～3月）
● 寒さに負けずに、戸外で遊ぶ ● 体力増進のため、薄着に慣れる ● インフルエンザ・かぜ予防	● かぜに注意する ● 寒さに負けずに元気に過ごす ● 戸外で遊んだあとのうがい、手洗いを忘れないように行う
● 身体測定（10月のみ頭囲、胸囲も） ● 肥満児の把握（11月） ● 幼児健診（月1回） ● 乳児健診（0、1歳児毎週） ● 歯科検診（11月） ● 歯みがき指導 ● うがい、手洗いの方法指導（4、5歳児） ● 献立表チェック（毎月） ● 食物アレルギーの見直し（毎月）	● 身体測定 ● 幼児健診（月1回） ● 乳児健診（0、1歳児毎週） ● 新入園児面接・健康診断 ● 4歳児歯ブラシ指導 ● 常備医薬品等点検 ● 献立表チェック（毎月） ● 食物アレルギーの見直し（毎月）
● インフルエンザ予防接種 ● ノロウイルスなど感染性胃腸炎の対策、対応について ● 登園停止期間について	● 乾燥時の湿度管理 ● かぜを引かない体づくり ● カイロや暖房器具による低温やけどの注意
● インフルエンザ予防接種状況確認 ● 身体発育状況の確認 ● うがい、手洗いの徹底 ● 流行性疾患の発生・罹患状況の把握	● 予防接種の接種状況の把握 ● 新入園児の既往歴等確認 ● 年間計画などの見直し ● 新年度の食物アレルギー対応確認
● 職員検便検査（毎月） ● 職員インフルエンザ予防接種 ● 食物アレルギー児の対応確認（変更児）	● 職員検便検査（毎月） ● 食物アレルギー児の対応確認（変更児） ● 新担当保育者への引き継ぎ
● ノロウイルス対策 ● インフルエンザについて ● 乾燥時のスキンケアの方法 ● 年末年始の過ごし方について	● かぜの予防・対策 ● 咳エチケットについて ● 家庭でのうがい、手洗い励行 ● 1年間の保健活動の振り返り

避難訓練計画

● CD-ROM → 📁 0歳児_避難訓練計画

20○○年度　△△保育園　避難訓練計画

ねらい
災害時に、園児に放送を静かに聞くこと、どのように行動するのか、自分自身はどうすればよいのかなどを繰り返し訓練を行って理解するため「ねらい」を設定します。

想定
災害の種類を想定します。火災については保育所内、近隣住居などの火災を想定します。津波が考えられる地域では、津波を想定した訓練も必要となります。

月
避難訓練は、少なくとも月1回行うことが法令で義務づけられています。

時刻
災害や火災は、さまざまな時刻や活動、場所で発生することを想定して訓練を行う必要があるため、月ごとに変化させる必要があります。

月	時刻	ねらい	想定
4月○日	9:30	● 保育室で静かに放送を聞く。 ● 防災ずきんのかぶり方を覚える。	地震
5月○日	10:00	● 幼児クラスは自分で防災ずきんをかぶる。 ● 保育者のそばに集まり、園庭に出る。	地震
6月○日	9:30	● 静かに、落ち着いて園庭に出る。 ● 地震と火災の放送の違いを知る。	火災（給食室）
7月○日	10:00	● 保育室以外にいるときの避難方法を知る。 ● プールに入っているときの避難方法を知る。	地震
8月○日	11:15	● 離れた場所の火災の対応を訓練する。 ● 落ち着いて行動する。	火災 （近隣住宅）
9月○日	9:00	● 地域の避難訓練に参加する。 ● 長い距離を落ち着いて行動できるようにする。	地震
10月○日	10:15	● 不審者が侵入したときの対応を訓練する。 ● 警察への通報方法を確認する。	不審者侵入
11月○日	総合	● 消防署立ち会いで、訓練を行う。 ● 消防車のサイレンや放水に慣れる。	火災（調理室）
12月○日	15:30	● 午睡のあとでも、落ち着いて行動する。 ● 地震のときには、すぐに靴を履くことを理解する。	地震（窓ガラス破損）
1月○日	抜き打ち	● 災害は予告なしに起こることを理解する。 ● これまでの避難訓練の内容を復習する。	地震
2月○日	抜き打ち	● 自ら避難行動をとれるようにする。 ● 火災と地震の放送を聞き分けて行動する。	火災（園舎後方の倉庫）
3月○日	抜き打ち	● 自ら避難行動をとれるようにする。 ● 保護者への引き渡し訓練を行う。	地震

どんな計画なの？

避難訓練計画のポイント

保育所の立地条件や規模、地域の実情を踏まえたうえで、地震や火災などの災害が発生したときの対応などについて作成し、防災対策を確立しておくことが必要です。園全体の計画なので、基本的には0～5歳児すべてに対応する共通の計画です。

誰が作成するの？

避難訓練計画は、施設長（園長）のもと、全職員が参画し、共通理解と協力体制のもと作成します。

避難場所の設定

1年をとおして保育室に待機することから始め、園庭への避難、広域避難場所など離れた場所への避難など、徐々に避難距離を延ばしていきます。

実施方法

基本的な避難方法や、騒がずに避難することを理解させます。保護者への引き渡し、避難時の保育者の役割分担なども明確にしておきましょう。

避難場所	実施方法
各保育室待機	● 新入園児も含め全員が、基本的な避難の方法を知る。 ● 避難経路を確認する。
各保育室待機 ➡園庭	● 4月の訓練内容を理解できているか確認する。 ● 保育室から園庭に各クラスが混乱なく避難する。
園庭 ➡○○公園	● 園外への避難経路を確認する。 ● 避難経路に障害物が置かれていないか確認する。
テラス、 プールサイド待機	● 放送を聞いたあと、すぐに保育者のもとに集まる。 ● 日差しが強いときはできるだけ日陰に避難する。
各保育室待機	● 園に延焼のおそれがない場合の避難方法を確認する。 ● 消火器の使い方を確認する。
園庭 ➡広域避難場所	● 歩けない乳幼児の担当など役割分担を明確にする。 ● 安全に避難できるよう、事前に経路を確認する。
各保育室待機 ➡園庭	● 警察の指導通りに実際に行えるか確認する。 ● 通報役、不審者対応役など役割を明確にしておく。
園庭	● 消防署員に立ち会ってもらい改善点などを聞く。 ● 園庭まで落ち着いて避難する。
各保育室待機	● 園舎内に倒れやすいものがないか確認し固定する。 ● 地震発生時にはドアを開けるなど避難経路を確保。
園庭 ➡広域避難場所	● 指示通りに落ち着いて行動できるようにする。 ● 職員も緊張感をもって訓練に臨む。
園庭 ➡○○公園	● 避難中にポケットに手を入れないよう注意する。 ● 避難時の決まり、避難の方法などを一緒に確認する。
園庭 ➡広域避難場所	● 避難経路、避難方法など再度確認する。 ● 保護者への引き渡しをスムーズに行う。

災害への備え

❶ 園の体制

避難経路や手順は、定期的に避難訓練を実施して確認する。マニュアルは常に確認できるところにおくことも大切。備蓄品などの定期的な点検を行うとともに、保護者の緊急連絡先を非常時に持ち出せるように確認する。非常時にどのように情報を手に入れるかについても検討し、共有しておく。

❷ 保護者との連携

災害が起きてしまったときに園としてどのような対応をとるか、事前に保護者と情報を共有しておく。避難場所や連絡方法について園の方針を保護者に説明するほか、保護者の協力のもと、実際に災害時の引き渡し訓練を行う。

- 火災や地震などの災害が起きてしまったときに、速やかに対応できるように、日頃から対策をしておかなければなりません。
- まだ歩行の安定していない0歳児が安全に避難できるように具体的なマニュアルを作成しておく必要があります。
- 実際の避難訓練では、子どもに必要以上の恐怖や不安を与えないように配慮することも大事です。

❸ 地域の関係機関等との連携

保育所は地域の子育て拠点であることから、自治体と協力体制をとることも求められる。非常時には子育て家庭の受け入れ先として登録するなどの体制もとる。

防災マニュアル （地震・津波が発生したときの場合）

地震発生

- あわてて外に飛び出さない
- 園庭にいた場合は中央に避難

火災が起きたら……
- 子どもたちを安全な場所に避難
- 可能な場合は初期消火を試みる

揺れが収まったら……
子どもの所在・負傷者の確認・脱出口の確保

↓

情報収集・安全確認
- 気象庁のホームページなどで、余震・津波の可能性の確認

園の安全が確保されている場合……　→　**待機**
- 引き続き情報収集を行う
- 安全な場所への移動
- 保護者への引き渡し

避難する必要がある場合……　→　**避難準備**
- 避難路の安全確認
- 持ち出し品の確保

→　**避難**
- 人数確認
- 安否確認
- 保護者への引き渡し

非常用持ち出し袋に必要なもの

- ☐ 出席簿、連絡先
- ☐ 筆記用具
- ☐ ミネラルウォーター
- ☐ 哺乳瓶、紙コップ
- ☐ 粉ミルク、非常食
- ☐ 時計
- ☐ 紙おむつ、おしりふき
- ☐ 着替え
- ☐ 救急セット
- ☐ ウェットティッシュ
- ☐ マスク、ポリ袋
- ☐ タオル、ブランケット
- ☐ おんぶひも
- ☐ ライト　　など

第 2 章

12か月の指導計画

月案や個人案、また子ども一人ひとりの状況を細かく把握したうえで
立案する個人案は、その月ごとに作成や計画の見直しを行うことが多いでしょう。
ここでは、その月に必要な計画をまとめて掲載しています。

- 月案
- 個人案
- 乳児保育のポイント
- 文例集

4月 月案・低月齢児

CD-ROM → 0歳児_月案
→ p40-p43_4月の月案（低月齢児）

4月　低月齢児　月案　いちごぐみ

担任：A先生

今月の保育のポイント

4月はまだ慣らし保育の子どもが多い時期です。保護者も子どもも不安でいっぱいなので、保育者が気持ちを受け止め、温かく関わることが大切です。また、一人ひとりの生活リズムも異なるため、授乳や睡眠のタイミングを計りながら安心して過ごせるようにしましょう。

今月はじめの子どもの姿

- 母親と離れると不安に感じ、泣き始める子どもが多くいた。
- 抱っこをして言葉をかけていると、安心して入眠していた。

	ねらい	内容
健やかに伸び伸びと育つ	● 園生活に慣れ、安心して過ごす。	● 特定の保育者のそばで安心して入眠する。 ● 安心してミルクを飲んだり離乳食を食べたりする。
身近な人と気持ちが通じ合う	● 特定の保育者とのふれあいを喜ぶ。	● 保育者と視線を合わせたり、スキンシップをしたりして楽しむ。
身近なものと関わり感性が育つ	● 動く玩具に反応しながら、体を動かして楽しむ。	● 吊るし玩具に反応し、体を動かしたり追視したりする。

職員との連携

- 特定の保育者が関われるよう、担当を確認する。
- 一人ひとりの授乳や離乳食の状況を保育者間で共有しておく。
- 入園したばかりの時期は体調を崩しやすいので、感染症予防について情報を共有する。

家庭・地域との連携

- 保護者の職場復帰の時期と子どもの状況の双方を把握しながら、慣らし保育をすすめていく。
- 入園したばかりで不安な保護者の気持ちに寄り添い、登園時・降園時にはしっかりとコミュニケーションをとる。

※乳児保育の場合、特に養護と保育内容は一体的に展開されるものですので、
　ねらいと内容を設定するときには養護の要素も含めて考えることが大切です。

 養護のねらい
- 新しい環境のなかで、授乳、睡眠など一人ひとりの生理的欲求が満たされ、心地よく過ごせるようにする。
- 特定の保育者が関わることで、安心して過ごせるようにする。

 健康・安全への配慮
- 保育室を清潔に保ち、危険な場所がないか点検し、玩具の消毒をする。
- 定期的に体温を測り、体調の変化がないか視診を行う。
- 避難訓練では、職員の分担を事前に打ち合わせておく。

 行事
- 入園式
- 身体測定
- 誕生会
- 避難訓練
- 職員会議

4月 月案・低月齢児

環境構成	保育者の関わりと配慮事項
● 心地よく入眠できるよう静かなスペースに布団を準備しておく。照明は表情が見られる明るさにする。 ● 授乳の際には特定の保育者が関わるようにする。	● 安心して入眠できるように関わる。 ●「おいしいね」などの言葉をかけながら、ゆったりした気持ちで授乳していく。
● 優しく声かけをしながら、安心して関われる雰囲気をつくる。	● 体を指でつついたり、さすったりしながらスキンシップをとっていく。
● 子どもの顔から約30〜50cmの高さに吊るし玩具をぶら下げる。	● どんなことに興味を示しているかよく観察する。

食育
- 特定の保育者と関わりながら、安心してミルクを飲む。
- ゆったりとした雰囲気のなかで楽しく離乳食を食べる。

反省・評価のポイント
- 入園したばかりの不安な気持ちに寄り添うことができたか。
- 安心して入眠できるよう援助できたか。
- 一人ひとりの生活リズムの違いに配慮できたか。

4月 月案・高月齢児

CD-ROM → 0歳児_月案
→ p40-p43_4月の月案（高月齢児）

4月　高月齢児　月案　いちごぐみ

担任：B先生

今月の保育のポイント

人見知り、場所見知りで新しい環境にとまどう子も多いでしょう。安心して過ごせるように子どもの様子をよく見て寄り添うことが大切です。また、保護者も新しい生活の始まりに不安な気持ちを抱えています。こまやかにコミュニケーションをとり、安心して園生活をスタートできるようにしましょう。

今月はじめの子どもの姿

- 新しい環境にとまどい、泣いてしまう子どもが多く見られた。
- 抱っこやおんぶでスキンシップをとり、1対1で関わることで、安心して食事・睡眠がとれた。

	ねらい	内容	
健やかに伸び伸びと育つ	● 園生活に慣れ、安心して過ごす。	● 落ち着いてミルクを飲んだり食事をしたりする。 ● 安心して気持ちよく眠る。 ● さまざまな姿勢で体を動かすことを楽しむ。	
身近な人と気持ちが通じ合う	● 特定の保育者と1対1のスキンシップをとおして親しみをもち、安定した気持ちで過ごす。	● 保育者のひざにのってスキンシップをとりながら手遊びをする。 ● 保育者と喃語のやりとりを楽しむ。	
身近なものと関わり感性が育つ	● 新しい環境や玩具での遊びに親しむ。	● さまざまな玩具で遊ぶなかで、お気に入りの玩具をみつける。 ● 園庭で、さまざまなものに興味をもち、ふれたり観察したりする。	

職員との連携

- 特定の保育者が関われるよう打ち合わせておく。
- 一人ひとりの発達の状況を職員全員が把握できるようにしておく。
- 受け入れ時に健康状態の視診をしっかり行い、職員間で共有しておく。

家庭・地域との連携

- 保護者の職場復帰の時期と子どもの状況をよく把握して、慣らし保育をすすめていく。
- 家庭での睡眠や食事の様子、好きな玩具、遊びなどについて保護者に聞いておく。

※乳児保育の場合、特に養護と保育内容は一体的に展開されるものですので、ねらいと内容を設定するときには養護の要素も含めて考えることが大切です。

4月 月案・高月齢児

 養護のねらい
- 新しい環境である園に慣れ、安心して過ごせるようにする。
- 子ども一人ひとりとこまやかに関わり、個々の特徴をとらえる。
- 特定の保育者と信頼関係を築き、情緒の安定を図る。

 健康・安全への配慮
- 一人ひとりの体調に合わせて活動場所を決める。
- 玩具の誤飲や転倒によるけががないよう、子どもの活動範囲を子ども目線で点検する。

 行事
- 入園式
- 身体測定
- 誕生会
- 避難訓練
- 職員会議

環境構成	保育者の関わりと配慮事項
● 個別に保育者が見守り、声をかけることで、安心して食事ができる環境をつくる。 ● SIDS（乳幼児突然死症候群）や窒息事故を防ぐために、あおむけに寝かせ、5分おきに子どもの様子を確認する。 ● つかまり立ちから手を離してバランスを崩すときがあるため、まわりの危険なものを片づけておく。	● 落ち着いて食べられるよう、一人ひとりのペースを尊重する。 ● 寝返りをうてる子どもについては、うつぶせ寝になっていないか、特にこまめに確認する。 ● 安心して探索活動ができるように、特定の保育者がそばについて見守る。
● 顔が見えるよう、向かい合わせにひざの上にのせることで、不安な気持ちを受け止め、安心できる雰囲気をつくる。 ● 「マンマ」と喃語を発したら「おなかすいたね」などと表情豊かに応答的な関わり方をする。	● 新しい環境で不安定になり泣いてしまうことも多いため、しっかりと気持ちを受け止める。 ● 積極的に言葉のやりとりを楽しむことができるように、子どもの気持ちや言いたいことを子ども目線で考える。
● 握る、つかむ、叩くなどいろいろな動きができる玩具を用意し、一人ひとりが好きな玩具に出会えるようにする。 ● 気持ちのよい気候の日は、外気にふれられるように、園庭まで活動範囲を広げる。	● 保育者がそばにいることで、安心して玩具に手を伸ばして遊べるようにする。 ● 子どもの体調面に配慮して活動場所を決める。

食育
- 離乳食に興味を示し、手づかみで食べようとする。
- よくかんで食べる。

反省・評価のポイント
- 環境に慣れ、安心して過ごせるよう援助できたか。
- 一人ひとりが落ち着いて過ごせる環境をつくることができたか。
- 不安な気持ちになって泣いている子どもの気持ちを受け止められたか。

4月 個人案 低月齢児・高月齢児

◉ CD-ROM → 📁 0歳児 _ 個人案
→ 📁 p44-p47_4月の個人案（低月齢児・高月齢時）

	低月齢児 Aちゃん 3か月（女児）	低月齢児 Bちゃん 6か月（男児）
今月はじめの子どもの姿	● 最初は哺乳瓶からの授乳に慣れず、飲む量が安定しなかったが、しだいに慣れてきた。	● 登園時は泣いていたが、日中は落ち着き、ミルクをよく飲んでいた。
ねらい	✚ 園での生活リズムができ、安心して過ごす。	✚ 生理的欲求が満たされ、快適に過ごす。
内容	✚ 適切なタイミングで、ミルクや睡眠をとり、安心して生活する。	✚ 保育者のそばで安心してミルクや食事、睡眠をとる。
保育者の援助	● 本児の欲求や泣き声にこたえ、授乳や睡眠をとれるようにする。 ● 保護者からの冷凍母乳の希望にこたえる。	● スキンシップや優しい言葉がけをし、安心して過ごせるようにする。 ● 特定の保育者が関わりを深めることで、安心して授乳、睡眠ができるようにする。
振り返り	● 登園時間が定まっておらず、園の生活リズムができなかったので、保護者に協力をお願いした。 ● 引き続き、特定の保育者が授乳し、空腹のタイミングを探っていく。	● 布団に下ろすと泣いてしまった。安心できるようゆったりと関わりをもつようにした。 ● 特定の保育者が積極的に関わることで、信頼関係を築いていく。

ポイント！保育者の思い

まずは安心して園で生活できるようになることが、何よりも大切です。

✚…健やかに伸び伸びと育つ　♥…身近な人と気持ちが通じ合う　♪…身近なものと関わり感性が育つ

高月齢児 Cちゃん 9か月（男児）	高月齢児 Dちゃん 11か月（女児）
♪ 特定の保育者に抱かれると、泣き止む姿が見られた。	♪ ずりばいで盛んに移動する姿が見られた。
✚♥ 保育者と関わりながら、安心して機嫌よく過ごす。	✚ 園生活に慣れ、安心して探索活動を行う。
✚♥ 特定の保育者との1対1での関わりや、スキンシップをとおして安心して生活する。	✚ 安心して室内の探索活動を行う。
♪ おんぶや抱っこをし、本児が安心して過ごせるようにスキンシップをとる。 ♪ 慣れるまでは、個別での関わり合いを大切にする。	♪ 本児との個別での関わりを大切にする。 ♪ やりたい、行きたいという気持ちを大事にし、見守る。
♪ 落ち着いて食事がとれるよう、抱っこをしたり、ゆっくりと食べすすめたりできるようにした。 ♪ 本児のペースに合わせて授乳や食事を行い、ゆったりと過ごせるようにしていく。	♪ 慣れてくると、探索活動に意欲的になり、こいのぼりや園庭にも興味を示していた。 ♪ 体調を見ながら室外でも探索活動を行えるようにしていく。

4月　個人案 低月齢児・高月齢児

ポイント！保育者の思い

特定の保育者との関係をとおして、園生活を安心して過ごせるよう配慮していきましょう。

4月 個人案 配慮事項・発達援助別

◎ CD-ROM → 📁 0歳児_個人案
→ 📁 p44-p47_4月の個人案（配慮事項・発達援助別）

	発達援助 ＋健康・安全 3か月（男児） 布団に下ろすと目が覚める	気になる子 ＋健康・安全 4か月（男児） 泣きやまない
今月はじめの子どもの姿	●睡眠時間が安定せず、起きていることが多かった。 ●登園が定まっておらず、なかなか園の生活リズムができなかった。	●入園してきたばかりだが、園ではずっと泣いている。原因は、空腹や体調不良ではなさそうである。
ねらい	＋園の環境に慣れ、生活リズムを整えることで安心して過ごす。	＋安心して園で過ごせる時間を増やす。
内容	＋安心して心地よく眠る。	＋♥ゆったりとした関わりをとおして特定の保育者と信頼関係を築き、安心して過ごせる時間を増やす。
保育者の援助	●室温や部屋の明るさに配慮し、心地よく眠れるように入眠を促す。 ●音に反応してすぐに起きてしまうときは、再入眠できるようにそばで見守る。	●優しく声かけをしたり子守歌を歌ったりしながら、ゆっくり揺すったり散歩したりする。 ●特定の保育者が関わるようにする。
振り返り	●保育者に抱かれると安心して入眠するが、30分ごとに起きてしまうことがあった。 ●月の終わりには、まとまった睡眠時間をとれるようになってきた。	●担当の保育者に愛着を示すようになり、泣いても抱っこをするとすぐに泣きやむことが増えた。
保護者への配慮事項	●低月齢児をあずけて職場復帰した保護者の不安な気持ちを受け止めたうえで、家庭での生活リズムを整える方法を一緒に検討・実践する。	●登園時に泣きやまないと保護者は離れがたくなるが、安心してまかせてほしいと伝え、あっさりとバイバイしてもらうようお願いする。

ポイント！ 保育者の思い

特定の保育者が積極的に関わり、信頼関係を築くことが大事です。

子どもが泣きやまないと保育者も不安になりますが、焦らずゆっくりと関係づくりをしましょう。

✚…健やかに伸び伸びと育つ　♥…身近な人と気持ちが通じ合う　♪…身近なものと関わり感性が育つ

気になる子 ♥人間関係　8か月（女児）　あまり笑わない	発達援助 ✚健康・安全　10か月（女児）　はいはいが好き
●入園してから、ずっと緊張しているようで表情がかたい。	●ずりばいから四つばいで移動することが増えてきた。 ●気になる玩具を四つばいでとりにいく姿が見られた。
♥やりとりの楽しさを感じ、保育者との信頼関係を築く。	✚♪四肢をたっぷり動かして、意欲的に探索活動を楽しむ。
✚安心して過ごせる場所を増やす。 ♥特定の保育者とふれあい遊びを楽しむ。	♪興味のある玩具を自分でとりにいく。 ✚活動場所に慣れ、広いスペースを活発にはいはいで移動する。
●聞こえの問題がないか、注意深く観察する。 ●優しい表情や声で、ゆったりとしたスキンシップを十分に行う。	●マットで斜面をつくったり、クッションを並べたりして、はいはいを促す環境をつくる。 ●保育室から移動をするときは抱っこをせずに、自分で移動できる機会を多くする。
●スキンシップをとおして徐々に表情が和らいできており、特定の保育者を目で追うことが増えた。	●はいはいで室内を探索し、一人遊びを楽しんでいたが、時折、不安な気持ちから保育者に抱っこを求める姿もあった。
●園生活に慣れるまでに時間がかかる子も少なくないことを伝え、焦らず慣れさせていきましょうと伝える。	●自分の意思で動き回れるように、家庭でもけがをしない環境を整え、安心してはいはいができる環境をつくるように伝える。

4月 個人案 配慮事項・発達援助別

警戒心が強い、過敏であるなどの気質の子もいるので、焦らずゆったりとした関わりを積み重ねましょう。安心できる人・もの・場所を少しずつ増やしていきましょう。

意欲的に動いているときは、けがのないよう注意しながら見守ります。

4月 乳児保育のポイント

保健　一人ひとりの健康状態を把握しましょう

子どもの症状を見るポイント

【目】
目やにはないか
充血はないか
まぶたは腫れていないか

【顔】
顔色はよいか

【表情】
ぼんやりしていないか
目は元気に動いているか

【のど】
赤くなっていないか
声は枯れていないか
咳は出ていないか

【おなか】
股の付け根は腫れていないか
張っていないか
さわると痛がらないか

【食欲】
食欲はあるか

【睡眠】
目覚めはよいか
泣いて目が覚めることがないか

【耳】
耳だれはないか
痛がっていないか

【鼻】
鼻水、鼻づまりはないか
くしゃみはないか
息づかいは荒くないか

【口】
唇の色は悪くないか
口の中に痛みがないか
口内は荒れていないか

【胸】
呼吸は苦しそうではないか
咳、喘鳴はないか
咳で吐くことはないか

【便・尿】
量、色、回数、においに変化はないか
下痢、便秘ではないか

【皮膚】
腫れや湿疹はないか
カサカサしていないか
打撲のあざや傷はないか

保育者の毎日の観察と小さな変化への気づきが大切！

- 家庭を離れて長時間の集団生活が始まります。園生活を元気で過ごすために、子どもの健康状態を把握し、健康維持に努めましょう。
- 家庭との連携も大事です。連絡ノートを活用して、家庭での食事内容や睡眠時間を伝えてもらいます。
- また、子どもに気になる様子が見られたら、職員同士で情報共有をすることも徹底しましょう。

入園児健康調査票で情報の共有を！

園生活が始まる前に、出生時の状態、発達の状況、既往歴などを記録し、入園児健康調査票を各家庭で作成してもらいます。この調査票をもとに、園では子どもたちの健康状態や家庭での生活状況や発育、発達の様子を把握し、実際に保護者から聞き取りを行います。とくに、慢性疾患やアレルギーの有無は、確認しておくべき事項です。

食　授乳のしかたと摂取量

授乳のしかた

- 授乳は保育者と信頼関係を築く機会です。顔は20～30cmに近づけて目と目を合わせ、優しく語りかけるように行います。
- 力強く飲みこむ子、少しずつ休みながらゆっくり飲む子など、一人ひとりの特徴を把握しましょう。

授乳のポイント

- 哺乳瓶の乳首にはミルクを満たしておくようにし、空気を飲み込んでしまわないように気をつけます。
- ミルクを飲んだあとは、縦抱きにし、背中をさすったり、優しく叩いたりして排気を促します。
- うまく排気ができなかったときは、睡眠中の吐乳に注意が必要です。

1日のミルク摂取量の目安

0～2か月	約700～900ml（欲しがるときに）
3～4か月	約800～1,000ml（欲しがるときに）
5～6か月	約800ml（1日4～5回程度）
7～8か月	約600～800ml（1日3～4回程度）
9～11か月	約400～600ml（1日2～3回程度）

遊びと環境

その① 動いたり音が鳴ったりする玩具を見る（低月齢）

用意するもの ベッドにつける吊るし玩具（手づくりの小さなぬいぐるみ、小さなガラガラ、ベッドメリーなど）、動く玩具（おきあがりこぼし、プルトイ、クーゲルターンなど）

玩具が動く様子を見る

環境のポイント
- 触ると動いたり音が鳴ったりする玩具を用意し、目で追える速さで動かしましょう。
- 子どもの真上ではない位置、子どもの顔から約30cmぐらいの高さに、吊り玩具をぶらさげましょう。

活動の内容
- ベッドに寝たり、保育者に抱かれたりなど安心できる雰囲気のなかで過ごす。
- 動く玩具を追視したり、じっと見つめたりし、動くものに興味をもつ。

繰り返し遊ぶなかで…
- ときには、玩具を子どもの正面から少し離れたところに置いたり、目の前でゆっくり動かしたりして、子どもが興味をもつようにする。

4月 乳児保育のポイント

その② ふれあい遊び（高月齢）

用意するもの バスタオルなど床に敷けるもの

ふれあい遊びをする

環境のポイント
- ゆったりしたテンポで、楽しめるようにしましょう。
- 動いたときにものにぶつからないスペースを確保しましょう。

活動の内容
- 保育者の膝の上に座り膝を動かしてもらったり、くすぐられたりして喜ぶ。
- うつぶせ、はいはい、転がるなど、身体を動かして楽しむ。

繰り返し遊ぶなかで…
- 特定の保育者と1対1の関わりを重ねることにより、信頼関係を築いていく。
- 遊びの次の動作を期待して、保育者を触ろうとしたり、まねようと手を動かしたりする。

4月の文例集（低月齢児）

CD-ROM → 0歳児 _ 季節の文例集 → p50_4月の文例集 _ 低月齢児

今月はじめの子どもの姿
- 自宅で完全母乳だった子は哺乳瓶からの授乳に慣れず、うまく哺乳できない姿も見られたが、哺乳瓶の形状を色々と試すうちに飲めるようになってきた。
- 保育者が声をかけると、声の聞こえた方向に顔を向ける様子が見られた。

養護のねらい
- 眠いときや空腹のときなどの子どものしぐさを見極め、機嫌よく過ごせるようにする。
- 安心して過ごせるように特定の保育者がていねいに関わるようにする。

健康・安全への配慮
- 慣れない園生活で水様便が続くこともあるため、座浴を行い、清潔を保つ。
- 睡眠中は呼吸の有無や寝ている姿勢を5分おきに確認し、事故が起きないように配慮する。

ねらい
- ✚満足のいくまでゆっくりとミルクを飲む。
- ♥保育者と親しみ、語りかけに反応する。
- ♪気持ちのよい気候を感じ、心地よく過ごす。

内容
- ✚保育者の優しい言葉がけのなか、安心してミルクを飲む。
- ♥保育者と目が合い、あやされると機嫌よく過ごす。
- ♪天気のよい日はテラスに出て、のびのびと過ごす。

環境構成
- 落ち着いてミルクを飲めるようにゆったりと過ごせる授乳スペースをつくる。
- 声をかけたりふれあったりしてあやすことで、子どもの反応を引き出す。
- 慣れない環境で体調を崩すことがないように、体調面を配慮しながら活動場所、活動時間を決める。

保育者との関わりと配慮事項
- 特定の保育者が1対1で関わり、微笑みながらゆったりと授乳をする。
- スキンシップや優しい声かけを大切にする。
- 砂や石など誤飲しないように、そばにつく。

職員との連携
- 慣らし保育で保育時間が短い子どもや体調不良で休む子どもも多くいるので、職員同士で連携をとりながら、それぞれの子どもの状況を把握しておく。
- 複数担任制のため、日頃から子どもたちの情報を共有し、活動での役割分担を確認するなど、担任同士の連携を密にする。

家庭・地域との連携
- 冷凍母乳の希望がある場合は、保護者の希望にこたえられるように対応する。
- 水様便が続きお尻が赤くなる場合、状態によっては病院の受診をすすめ、必要に応じて薬を預かる。

食育
- それぞれのペースで、ゆったりとミルクや食事をとる。

✚…健やかに伸び伸びと育つ　♥…身近な人と気持ちが通じ合う　♪…身近なものと関わり感性が育つ

4月の文例集（高月齢児）

● CD-ROM → ■ 0歳児 _ 季節の文例集 → p51_4月の文例集 _ 高月齢児

今月はじめの子どもの姿
- 新しい環境にとまどい、泣いている子が多かったが、週の後半になると徐々に慣れてきて保育者とのやりとりを楽しむ姿が見られた。
- 気温の低い日が続いたため、入園早々、体調を崩して休んでしまう子どもがいた。

養護のねらい
- 緊張したり、落ち着かなかったりする気持ちを受け止め、ていねいに関わる。
- 清潔で安全な環境のなかで、生理的欲求が満たされるようにする。

健康・安全への配慮
- 保育室の清掃や換気を十分に行い、快適に過ごせるようにする。
- 食物アレルギーの子どもについては、新年度が始まる前に全職員で情報共有する。

ねらい
- ✚園での生活のしかたを知る。
- ♥保育者とふれあい遊びを楽しむ。
- ♪戸外での散策活動を楽しむ。

内容
- ✚園での食事に慣れ、落ち着いて食事をとる。
- ♥保育者の語りかけに、喃語で反応をするなどやりとりを楽しむ。
- ♪天気のよい日は戸外へ出かけ、春の自然にふれる。

環境構成
- 家庭での離乳食のすすみ具合を確認しておき、一人ひとりに合った形状の食事を提供する。
- のびのびと身体を動かせるように広いスペースをとる。
- 散歩でよく行く公園で、事前に春の動植物をみつけておく。

保育者との関わりと配慮事項
- 自ら食べようとする気持ちを大切にし、適切な介助を行う。
- 保育者も一緒に体を動かすことを楽しみ、子どもと思いを共有する。
- 春の植物などを指さす様子が見られたら、「なんだろうね」などと声をかけて共感する。

職員との連携
- 子ども一人ひとりの健康状態や好きなものなどをしっかりと把握し、園全体で保育をしているという意識をもつ。
- 複数担任制のため、日頃から子どもたちの情報を共有し、活動での役割分担を確認するなど、担任同士の連携を密にする。

家庭・地域との連携
- 新しい環境で過ごし始めた子どもの様子を登降園時や連絡帳で伝え、信頼関係を築いていく。
- 気候の変動が大きいので、園での着替えに適した衣服の準備を保護者にお願いする。

食育
- 楽しい雰囲気のなかで食事の時間を過ごし、園での食事に慣れる。

✚…健やかに伸び伸びと育つ　♥…身近な人と気持ちが通じ合う　♪…身近なものと関わり感性が育つ

5月 月案・低月齢児

CD-ROM → 0歳児_月案
→ p52-p55_5月の月案（低月齢児）

5月　低月齢児　月案　いちごぐみ
担任：A先生

今月の保育のポイント

保護者の職場復帰にともない保育時間が長くなる子が増えてきます。子どもの様子に合わせて夕方も睡眠を取り入れながら、落ち着いて過ごせる環境をつくりましょう。徐々に園生活や保育者にも慣れてくるため、意欲的に探索活動ができるように環境を整えていくことも大切です。

前月末の子どもの姿

- 特定の保育者とともに過ごすことで、安心した表情を見せる時間が増えた。
- 少しずつ興味が広がってくるため、他児がもっている玩具をほしがり、子ども同士が近づく場面が増えた。

	ねらい	内容
健やかに伸び伸びと育つ	・一人ひとりの生活リズムで、安定して過ごす。 ・さまざまな姿勢がとれるようになり、体を動かして移動を楽しむ。	・哺乳瓶からの授乳に慣れ、ミルクを飲む量が増える。 ・園での生活リズムが整い、午睡をしっかりとる。 ・ずりばいでの移動を楽しむ。 ・安定して座位がとれる。
身近な人と気持ちが通じ合う	・保育者とのふれあい遊びや、やりとりを楽しむ。	・保育者が笑うとほほえみ返し、機嫌のよいときには声を盛んに発する。 ・保育者と1対1で関わり、目を合わせて名前を呼ばれながらこちょこちょ遊びやいっぽんばしなどのふれあい遊びをする。
身近なものと関わり感性が育つ	・玩具に興味や好奇心をもつ。	・すずとすずを打ち鳴らして音を楽しむ、ひもつき玩具を引っ張るなど、好きな遊びをみつける。 ・好きな玩具を握ったり、手を伸ばして取ったりして、感触を楽しむ。

職員との連携

- 一人ひとりの授乳や離乳食の状況を職員同士で把握しておく。
- 室内以外の場所での活動も増えるため、安全な環境で自由に動けるよう保育者同士で連携をとり、環境を整える。

家庭・地域との連携

- 視診をしっかり行うほか、保護者とも連携をとり、体調の変化に気づいていけるようにする。
- 連休明けに登園したとき、正しい生活リズムで落ち着いて過ごせるように、連休中の生活にも配慮するよう伝える。

※乳児保育の場合、特に養護と保育内容は一体的に展開されるものですので、ねらいと内容を設定するときには養護の要素も含めて考えることが大切です。

5月 月案・低月齢児

 養護のねらい
- 園での生活リズムが整い、機嫌よく過ごす時間を増やせるようにする。
- 空腹、排便、排尿、眠気などによる不快を訴えて泣く子どもの個々の欲求に気づき、ていねいに応じていく。

 健康・安全への配慮
- 気温が高くなる日も出てくるので、水分補給をしっかりして、体調の変化に気をつける。
- ずりばいで移動するようになるので、保育室内に危険箇所がないか点検する。

 行事
- こどもの日
- 身体測定
- 誕生会
- 避難訓練

環境構成	保育者の関わりと配慮事項
● 一人ひとりの空腹のタイミングに合わせる。	● 休憩をはさみ、なるべく適量飲めるようにする。 ● 子どもの様子を見ながら、午睡の時間を調節する。
● 斜面の上り下りを楽しめるマットの山をつくっておく。 ● クッションなどで背もたれを用意する。	● お座りをするときは背後に一緒に座り、転倒しないように見守る。
● バスタオルなどを広げて敷き、落ち着いて過ごせる環境をつくる。	● ていねいに関わり、信頼関係が築けるようにする。
● 音遊びを楽しむすず、手押し車やひもつき玩具などを用意する。 ● 握りやすい玩具や、口に入れてもよい玩具を手を伸ばして握れる位置や距離に配置しておく。	● 活動範囲が広がる子もいるので、子ども同士の衝突や周囲にけがにつながるものがないかを確認する。 ● 少しずつ遠くに置くなど、子どもと玩具の距離や位置を工夫する。

食育
- 保育者と目を合わせながら、安心してミルクを飲む。
- 自分から口を動かして、離乳食をおいしく食べる。

反省・評価のポイント
- 好きな玩具をみつけられるような環境だったか。
- 子どもの動きや行動範囲の広がりに合わせ、安全に配慮できたか。
- 個々の子どもの体調の変化に気をつけながら、食事や睡眠がとれるようにできたか。

5月 月案・高月齢児

CD-ROM → 0歳児_月案
→ p52-p55_5月の月案（高月齢児）

5月　高月齢児　月案　いちごぐみ
担任：B先生

今月の保育のポイント

だんだんと園生活に慣れることで、一人ひとりの生活リズムが安定してきます。機嫌よく過ごせるようになると行動範囲も広がるので、安全に動き回れるように十分な活動スペースを確保しましょう。体の発達も著しい時期のため、それぞれの成長に合わせた環境づくりをすることが大切です。

前月末の子どもの姿

- 環境に慣れ生活リズムが整うことで、少しずつ泣く様子が減っていった。
- 保育者とのふれあい遊びや玩具での遊びを楽しめるようになってきた。
- 散歩が気分転換になり、帰園後は機嫌よく遊ぶ子どもが多かった。

	ねらい	内容
健やかに伸び伸びと育つ	・一人ひとりの生活リズムで、安定して過ごす。 ・体を動かすことを楽しむ。	・楽しい雰囲気のなかで食事をする。 ・個々のタイミングでぐっすりと眠る。 ・はいはいやつたい歩きをして、体を動かしてさまざまな場所を探索する。
身近な人と気持ちが通じ合う	・保育者とのふれあい遊びや、やりとりを楽しむ。	・保育者と喃語でのコミュニケーションを楽しむ。 ・保育者に見守られている安心感のなか、好きな玩具で十分に遊ぶ。
身近なものと関わり感性が育つ	・さまざまな場所で安心して遊び、身近なものに興味をもつ。	・戸外活動で砂や自然物にふれ、感触を楽しむ。

職員との連携

- 一人ひとりの授乳や離乳食の状況を栄養士や調理員と共有する。
- 子どもの行動範囲のなかに危険な場所はないか、保育者同士で知らせ合い、安全に活動できるよう連携をとる。

家庭・地域との連携

- 外気温の変化や園での疲れによって、体調を崩しやすくなるため、家庭や園でささいな変化があれば伝え合う。
- 気温によって衣服で体温調整ができるよう、着替えの補充や準備をお願いする。

※乳児保育の場合、特に養護と保育内容は一体的に展開されるものですので、
　ねらいと内容を設定するときには養護の要素も含めて考えることが大切です。

5月　月案・高月齢児

養護のねらい

- 一人ひとりの生活リズムが安定していくように関わり、機嫌よく過ごせる活動を増やしていく。
- 保育者に見守られながら、安心して探索活動を楽しめるようにする。

健康・安全への配慮

- 気温が高い日には、十分に換気を行い、こまめな水分補給と衣服の調節をして、心地よく過ごせるよう配慮する。
- 子どもたちの足元に玩具が落ちていることのないように注意して片づける。

行事

- こどもの日
- 身体測定
- 誕生会
- 避難訓練

環境構成	保育者の関わりと配慮事項
● 個々の発達に合わせた離乳食を用意する。 ● 気持ちよく睡眠に入れるよう、オルゴールなどの静かな音楽をかける。 ● 転倒やけがを防ぐため十分な活動スペースを確保する。	● 食事の時間を楽しみにできるよう、コミュニケーションをとりながら食事を口まで運ぶ。 ● 午前睡が必要な子どもは、長くとることで午睡が短くならないように、様子を見て時間を調節する。 ● 思わぬことがけがにつながらないよう子どもの周囲の環境に気を配り、子どもの気持ちに共感する。
● いないいないばあや絵本の読み聞かせをとおして、喃語でのやりとりへ発展させていく。 ● 一人ひとりが好きな玩具で遊べるように、十分な玩具を用意しておく。	● 優しい声かけをとおして、安心して遊べるように配慮する。 ● 不安定になり泣くことが多いときは、気持ちをしっかり受け止める。
● 天気のいい日は、バギーで周辺散歩に出かける日を設ける。 ● 汚れた顔や手を拭くおしぼりを用意しておく。	● 砂や葉の誤飲がないように気をつけて見守る。

食育

- 自分に合った離乳食を保育者と一緒に楽しく食べる。
- 保育者の「あーん」の言葉に合わせて、大きく口を開けて食べる。

反省・評価のポイント

- 意欲的に食事がとれるように、個々の発達を把握し、適切な形態で離乳食を提供できたか。
- 不安な気持ちや甘えたい気持ちを受け止め、適切な声かけをしたりスキンシップをとったりすることができたか。

5月 個人案 低月齢児・高月齢児

● CD-ROM → 📁 0歳児_個人案
→ 📁 p56-p59_5月の個人案（低月齢児・高月齢児）

	低月齢児 Aちゃん 4か月（女児）	低月齢児 Bちゃん 7か月（男児）
前月末の 子どもの姿	● 哺乳瓶に慣れ、少しずつ飲めるようになってきた。 ● 睡眠のリズムが整わず短期間で目覚め、浅い眠りを繰り返すことが多かった。	● 他児の泣きにつられて泣くことがあったが、保育者がそばにつくと安心する様子が見られた。
ねらい	✚ 園生活に慣れ、ミルクを適量飲む。 ✚ 落ち着いた環境で安心して眠る。	✚♥ 園生活に慣れ、保育者のそばで安心して過ごせるようにする。
内容	✚ 安心してミルクを飲み、飲む量が安定する。 ✚ しっかりと午睡をとる。	♥ 安心できる保育者に抱っこしてもらったりあやしてもらったりし、機嫌よく過ごす。
保育者の 援助	● ミルクを適量飲めるよう、途中で休憩をはさむなどの工夫をする。 ● 午前睡が長くなり、午睡が短くなってしまわないように調整する。	● 特定の保育者が関わることで、本児の欲求を一つひとつ満たせるようにする。 ● あやしたり、スキンシップをとったりしながら心地よく過ごせるようにする。
振り返り	● 寝入りの際に授乳をすると、よく飲むようになった。 ● 睡眠もよくとれるようになったため、引き続き生活リズムを整えていく。	● 機嫌のよいときは、保育者の声かけに喃語を発することもあった。 ● 個別の関わりを大事にし、人との関わりを広げていけるようにしていく。

ポイント！保育者の思い

保育者との愛着関係が築かれるよう、1対1でのやりとりを大切にしましょう。

✚…健やかに伸び伸びと育つ　♥…身近な人と気持ちが通じ合う　♪…身近なものと関わり感性が育つ

高月齢児 Cちゃん 10か月（男児）	高月齢児 Dちゃん 12か月（女児）
♥玩具に興味を示し、ずりばいで体を動かそうとする姿がよく見られた。 ✚座位が安定せず、前に倒れそうになることがあった。	♥活動の節目になると、不安な気持ちから保育者の後を追いかけることがあった。 ✚散歩中は、落ち着いて楽しむ姿が見られた。
✚園生活に慣れ、身体を動かすことを楽しめるようにする。	✚園での生活リズムに慣れ、落ち着いて過ごせるようにする。
✚♪安全な場所で、ずりばいや四つばいで思いきり体を動かす。	✚♪家庭とは違う環境のなかでも、しっかりと睡眠をとる。
♥けがのないよう、探索活動を見守る。 ✚座位で後ろに倒れてしまうことがあるため、必ず近くで見守る。	♥活動を促すことで、眠りが深くなり、しっかりと午睡をとれるようにする。
♥トンネルや柵につかまり立ちすることが多かった。 ♥安全に過ごせるように、近くで手を添えるなどして関わっていく。	♥不安定になり泣くこともあったが、落ち着いて過ごせる時間が増えた。 ♥不安な気持ち、甘えたい気持ちを受け止め、スキンシップをしていく。

5月 個人案 低月齢児・高月齢児

ポイント！保育者の思い

家庭での様子を保護者の方によく聞き、安心して生活できるようにしましょう。

5月 個人案 配慮事項・発達援助別

◉ CD-ROM → 📁 0歳児_個人案
→ 📁 p56-p59_5月の個人案（配慮事項・発達援助別）

	発達援助 / 食事　4か月（男児）ミルクをたくさん飲む	気になる子 ＋健康・安全　5か月（男児）ほとんど寝ない
前月末の子どもの姿	●ミルクを飲むスピードが速く、授乳後、吐乳する姿が見られた。	●寝つきが悪く、ぐずってなかなか寝られなかったり、寝ても短時間で起きてしまったりする。
ねらい	＋ゆったりとした授乳時間を過ごし、満足感を得る。	＋遊ぶ時間と寝る時間のリズムをつくる。
内容	＋特定の保育者のもと、安心して満足するまでミルクを飲む。	＋覚醒時は保育者とゆったり遊ぶ。 ＋落ち着いた気持ちでゆったり眠る。
保育者の援助	●授乳後は吐乳する場合に気をつけ、うつぶせで遊ばないようにさせる。 ●授乳のときは、優しく目を見つめ、ゆったりした時間をつくるように配慮する。	●眠る前に体や眉間をマッサージしたり、足を温めたりしてリラックスできるようにする。 ●厚さや重さ、触り心地の異なる寝具に変えてみる。
振り返り	●落ち着いて授乳できるように優しく言葉がけをしたことで、ゆったりとした時間のなか満足のいくまでミルクを飲めるようになった。	●寝具を変えたり、マッサージで体をほぐしたりすると寝られるようになった。
保護者への配慮事項	●吐乳したときの対処法や排気（げっぷ）の促し方について、保護者と確認しておく。	●家庭での生活リズムについて保護者に話を聞く。可能であれば、家での過ごし方の記録をお願いする。

ポイント！保育者の思い

授乳後の排気をていねいにさせ、吐乳に気をつけます。

感覚の過敏があることも想定し、寝具や服装、寝る場所など環境調整をしましょう。

✝…健やかに伸び伸びと育つ　♥…身近な人と気持ちが通じ合う　♪…身近なものと関わり感性が育つ

発達援助　▲運動	気になる子　♥人間関係 
8か月（女児） つかまり立ちをし始めた	**9か月（女児）** 視線が合いにくい
・盛んにはいはいをするなかで、つかまり立ちをする姿が見られた。	・他者に関心を示すことが少なく、一人で遊ぶことが多かったり、視線が合いにくかったりする。
✝つかまり立ちやはいはいで意欲的に体を動かす。	♥さまざまな遊びをとおして、保育者とのコミュニケーションを楽しむ。
✝興味のある玩具を手にするために、自らすすんでつかまり立ちをしようとする。	♥♪ふれあい遊びや手遊び、簡単なやりとり遊びをとおして、相手の簡単な意図に気づき、やりとりを楽しむ。
・手をかけやすい高さにクッションを置くなど、つかまり立ちをしやすい環境をつくる。 ・バランスを崩して転倒する恐れがあるので、周囲の危険なものを片づけておく。	・斜視や聞こえの問題がないか注意深く観察する。 ・日々の世話やふれあい遊びの際にたくさん言葉がけをする。
・柵に興味のある玩具を置き、声かけをしたことで、自らつかまり立ちをしようとする姿が見られた。	・目が合うことは依然として少ないが、ふれあい遊びなどは楽しみ、要求の指差しをするようになった。
・つかまり立ちをするようになったことを伝え、けがをしない環境を家庭でもつくるように伝える。	・家庭でも手軽にできる遊びや言葉がけなどを具体的に伝えて、家庭でも取り組んでもらうようにする。

5月　個人案　配慮事項・発達援助別

そばで見守り、安全への配慮を欠かさないようにします。

心地よいコミュニケーションを積み重ね、他者への関心を高めていきましょう。

5月 乳児保育のポイント

保健　SIDSを予防しましょう（低月齢児）

保育所での予防策

- 照明は顔が確認できる程度の明るさに
- 顔のまわりにものがないように
- 温めすぎないこと。着せすぎや床暖房の使用には注意！
- あおむけで顔が見える体勢に寝かせる
- 寝返りをしたときは、あおむけに直す
- 枕は使用しない
- 敷き布団はかためのものを

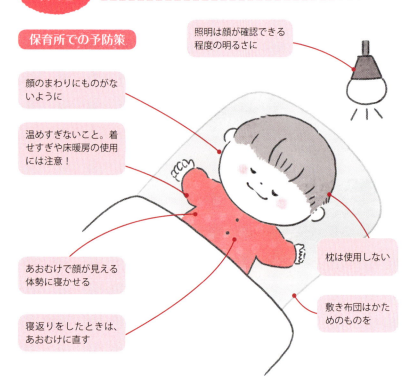

- SIDS（Sudden Infant Death Syndrome；乳幼児突然死症候群）とは、赤ちゃんが眠っている間に突然死亡してしまう病気です。
- 0歳児では、入園後の1週間に最も起こりやすいといわれています。入園後の1か月は特に事故が起こらないよう注意が必要です。
- 寝ているときは、必ず職員1名が見守り、少なくとも乳児は5分に1回、1～2歳児は10分に1回呼吸と体位のチェックを行います。▶156ページも参照
- 園での予防策を保護者にも伝え、家庭でもあおむけで寝る習慣をつけるように協力してもらいます。

誤飲や窒息事故にも十分に注意しましょう（高月齢児）

探索活動が盛んになる時期は、誤飲や窒息事故も多く発生します。直径39mm以下の小さなものは誤って飲み込んでしまう危険性があり、事故につながるといわれています。誤飲チェッカーや誤飲防止ルーラーなどの器具を使ってチェックするほか、常に子どもの目線になって、周囲に危険なものがないか配慮し、環境を整えておくようにしましょう。

食　哺乳行動のしくみと発達を理解しましょう

新生児	1～2か月	3～4か月	5～7か月
吸てつ反射によって、口に入るものを吸い込む。吸てつを拒否する能力が未発達で、筋肉が疲労するまで吸てつ運動を繰り返すため、溢乳や嘔吐が起こりやすい。	口の中の容積が大きくなり、筋力も発達するため、吸てつ力が強くなる。その反面、吸てつを拒否する能力はまだ未発達のため、哺乳量が著しく多くなる。	哺乳反射によってミルクを飲むが、吸てつを拒否する能力も発達してくるため、自分で哺乳量を調節できるようになる。そのため、哺乳量は1～2か月ころから増えない。	哺乳反射が少しずつ消えてくる。口に入ったものに対して何でも吸うということは起こらなくなり、自分の意志で哺乳するようになる。

探索反射

口のまわりを刺激すると、刺激を受けたほうに頭を向け、口を開く反射。

吸てつ反射

口に入ってきたものを舌を使って吸い込む反射。

赤ちゃんがミルクを飲めるのは、探索反射や吸てつ反射といった哺乳反射が、生まれたときから備わっているからです。ミルクを飲むことに専念するため、口の中に固形物が入ると、舌で外に押し出す反射も見られますが、離乳食が始まるころにはなくなっていきます。

遊びと環境

その① ふれあい遊び（低月齢）

用意するもの バスタオルなどの敷物

環境のポイント
- 動いたときに、ものにぶつからないよう、スペースを確保しましょう。
- 話しかけたり歌ったりしながら、ゆっくりゆったりと「こちょこちょ遊び」「指をにぎにぎ」などを行いましょう。股関節脱臼にならないよう、注意しましょう。

活動の内容
- 保育者とふれあう楽しさを味わい、遊んでもらうことを楽しみにする。
- 「身体を指で優しくつつく」「足やお腹をさする」などをし、皮膚からの感覚を味わう。

繰り返し遊ぶなかで…
- まねしやすい遊びや、リズミカルな遊びを行い、やりとりの楽しさを伝える。

あやし遊び、ふれあい遊びをする

5月 乳児保育のポイント

その② 春の自然にふれて遊ぶ（高月齢）

用意するもの バギー、おんぶ紐

繰り返し散歩に行くと…
- 散歩に行くことを楽しみにする姿が見られる。
- 季節による自然の変化にふれられる。歩けるようになると、全身を使って遊ぶ楽しさを味わい、探索行動が広がる。

環境のポイント
- 戸外で自然物にふれたり身体を動かしたりする機会を、多くもちましょう。
- 手や顔を拭くおしぼりや、水分補給の準備をしておきましょう。
- 目的地や移動に使う道具の安全を、確認しておきましょう。
- 自然物を誤飲しないよう、配慮しましょう。

活動の内容
- 春の自然を見たり、ふれたりして楽しむ。
- 戸外で身体を動かして遊ぶ。

春の自然にふれる

5月の文例集（低月齢児）

● CD-ROM → ■ 0歳児 _ 季節の文例集 → p62_5月の文例集 _ 低月齢児

前月末の子どもの姿
- 母親の職場復帰にともない、保育時間が長くなる子が増えた。
- 連休明けに体調を崩して休む子が多くいた。

養護のねらい
- スキンシップを積極的にとることで、安心感を得て落ち着いて園生活を送れるようにする。
- 清潔な環境を用意し、心地よく過ごせるようにする。

健康・安全への配慮
- 気温の変化が大きい時期なので、保育室内の温度や湿度に配慮する。
- 慣れない園生活から疲れが出やすいので、体調に異変がないか、こまめに様子を見る。

ねらい
- ✚ 清潔になる心地よさを感じる。
- ♥ 保育者とのスキンシップを楽しむ。
- ♪ まわりの環境に興味をもって関わる。

内容
- ✚ おむつをこまめにとりかえてもらい、快適に気持ちよく眠る。
- ♥ 保育者におんぶや抱っこをしてもらって喜ぶ。
- ♪ 動く玩具を目で追ったり、手を伸ばしたりする。

環境構成
- おむつ交換の時間を嫌がらないように、交換台にはモビールなどの玩具を配置し、楽しい雰囲気を演出する。
- 安全に遊べるスペースを用意し、誤って飲み込めてしまうサイズの玩具は置かない。

保育者との関わりと配慮事項
- 「きれいになって気持ちがいいね」など優しい言葉がけをし、おむつを交換する快適さを感じられるようにする。
- 1対1で関わり合うときは目と目を合わせ、優しい声での語りかけを心がける。
- 玩具に興味をもてるように、目の前で玩具を動かしてみせるなど、保育者が遊びに誘いかける。

職員との連携
- 一人ひとりの園児のミルクや食事の摂取量について、全担任者で把握しておく。
- 発達の状況を話し合い、それぞれの園児に合わせた対応をとるようにする。

家庭・地域との連携
- 哺乳瓶に慣れない子やうまく哺乳できない子に対しては、家庭でも哺乳瓶の使用機会を増やして慣れるようにお願いする。

食育
- 哺乳瓶に慣れ、満足のいくまでミルクを飲む。

✚…健やかに伸び伸びと育つ　♥…身近な人と気持ちが通じ合う　♪…身近なものと関わり感性が育つ

5月の文例集（高月齢児）

◎ CD-ROM → 📁 0歳児 _ 季節の文例集 → p63_5月の文例集 _ 高月齢児

前月末の子どもの姿

- 園での離乳食に徐々に慣れてくる様子が見られた。
- お気に入りの玩具で遊びながら保育者とのやりとりを楽しんでいた。

養護のねらい

- 保育者とのふれあいをとおして、安定して園生活を送れるようにする。
- 園で提供される離乳食の形態に慣れ、食事の時間を楽しく過ごせるようにする。

健康・安全への配慮

- 行動範囲や発達状況に合わせて、けがや事故がなく遊べる十分なスペースを確保する。
- 感染症のまん延を防ぐため、床や机などの消毒を徹底する。

ねらい
- ✚園での生活リズムが整う。
- ♥保育者に自分の気持ちを伝えようとする。
- ♪保育者とふれあい遊びを楽しむ。

内容
- ✚離乳食の形状に慣れ、満足のいくまで食事をする。
- ♥欲求や快・不快を指差しや喃語で伝えようとする。
- ♪保育者と歌や手遊びをとおしてやりとりを楽しむ。

環境構成
- 「おいしいね」と声をかけ、楽しい食事の雰囲気をつくる。
- 保育者に欲求を訴えてきたときに、すぐにこたえられるようにそばで見守る。
- 「ちょちちょちあわわ」など、0歳児が楽しめる歌や手遊びを用意しておく。

保育者との関わりと配慮事項
- ゆっくりよくかんで食べられるように、一口の分量に気をつけて介助する。
- 何かを伝えようとしているときは、声や表情をよく見て共感する態度をとる。
- 十分に楽しめるよう1対1でゆったりと関わる。

職員との連携

- 連休明けで体調を崩しやすい時期なので、個々の健康チェックをこまめにし、気になることがあれば、すぐに職員同士で話し合うようにする。

家庭・地域との連携

- 日中の温度変化が大きくなるため、体温調節ができる衣服の用意をお願いする。

食育

- すすんで手づかみ食べをする。

✚…健やかに伸び伸びと育つ　♥…身近な人と気持ちが通じ合う　♪…身近なものと関わり感性が育つ

6月 月案・低月齢児

CD-ROM → 0歳児_月案
→ p64-p67_6月の月案（低月齢児）

6月　低月齢児　月案　いちごぐみ
担任：A先生

今月の保育のポイント
気温と湿度が高くなる日が増えるため、室温や衣服の調節をして快適に過ごせる環境づくりをします。感染症が流行する時期でもあるので、おむつをこまめに替えて清潔を保つほか、ささいな体調の変化にも気がつけるようにしましょう。

前月末の子どもの姿
- 保育者と目が合ったり、名前を呼ばれたりすると、手足を動かし喜ぶ姿が見られた。
- 強く不安を示して泣く姿や保育者との接触を強く求める姿も見られた。

	ねらい	内容
健やかに伸び伸びと育つ	● 食事、睡眠などの生理的欲求を満たし、心地よく過ごす。 ● 遊びのなかで体を動かすことを楽しむ。	● 楽しい雰囲気のなか、食べてみたいという気持ちで離乳食を食べる。 ● 安心して入眠できる。 ● はいはいやずりばいでの移動や探索活動を楽しむ。
身近な人と気持ちが通じ合う	● 保育者と一緒に好きな遊びをすることを楽しむ。	● ふれあい遊びや玩具を使っての遊びなど、好きな遊びを保育者と楽しむ。
身近なものと関わり感性が育つ	● 気持ちのよい気候のなか、さまざまな感覚を働かせ、身近な自然に親しむ。	● 砂や葉っぱなどの自然物にふれて、手触りやにおいなどを味わい、興味をもつ。

職員との連携
- 食事の形態がミルクから離乳食へと変わる子が多くなるので、いつからどのように変わるかを保育者同士で確認し、伝えもれがないようにする。
- 子どもの発達の様子を共有し、配慮事項や環境設定についてクラスの保育者全体で検討する。

家庭・地域との連携
- 気候に応じて衣服の調節ができるように、衣服や肌着を多めに用意してもらう。
- ヘルパンギーナなどの感染症が流行しやすい時期になるため、子どもの様子をこまめに伝え合い、感染症についての情報をおたよりなどで周知をはかる。

※乳児保育の場合、特に養護と保育内容は一体的に展開されるものですので、ねらいと内容を設定するときには養護の要素も含めて考えることが大切です。

養護のねらい

- ふれあい遊びなどのスキンシップをとおして、安定感をもって過ごせるようにする。
- 保育者のそばで安心して食事や睡眠をとり、健康的に園生活を送れるように、生活リズムをつくっていく。

健康・安全への配慮

- 暑い日にはシャワーや沐浴をし、こまめにおむつ交換をして清潔を保つ。
- 麦茶や白湯でこまめに水分補給をし、体調の変化に注意する。
- 手洗いや玩具の消毒など梅雨期の衛生管理をしっかり行う。

行事

- 身体測定
- 歯科検診
- 誕生会
- 避難訓練

6月 月案・低月齢児

環境構成	保育者の関わりと配慮事項
・「おいしいね」「もぐもぐね」などと言葉をかけながら、楽しく食べられる雰囲気をつくる。 ・安心して眠れるように、室内の明るさを調整する。 ・さまざまな玩具を用意し、興味をもって探索できるようにする。 ・個々の発達に見合った活動を考え、のびのびと遊べるようにスペースを確保する。	・食事の形態が変わったときは、食べられているかどうかなど、注意深く子どもの様子を見る。 ・目覚めそうになったときは、そばにつき、まだ眠そうなときには眠れるようにする。 ・子どもから見える場所で待ち、できたことを一緒に喜ぶ。 ・日々成長する子どもの変化を見逃さず、環境や関わり方も対応できるようにする。
・子どもによって好きな玩具の手触りや音が異なるので、子どもの好みに合わせたさまざまな素材の玩具を用意する。 ・授乳や沐浴の時間を考慮しながら、天気のよい日は、バギーで周辺散歩をする時間を設ける。	・安心して好きな遊びを楽しめるよう、優しくていねいなスキンシップをとりながら一緒に遊ぶ。 ・バギーに慣れない子は、安心できるように、おんぶや抱っこで園周辺を回る。 ・場所見知りする子もいるので、そばに寄り添い、「きれいなアジサイだね」などと声をかけたりして自然物に気持ちが向くようにする。

食育

- 保育者の明るい表情や「アーンしようね」などの声かけによって、スプーンに慣れ、すすんで口を開ける。

反省・評価のポイント

- 子どもの生理的欲求を十分に満たすことができたか。
- 探索行動が増えたことに対し、安全面に配慮した環境づくりができたか。
- 不安を示す子どもの気持ちに寄り添い、安心できるようにスキンシップはとれたか。

6月 月案・高月齢児

 CD-ROM → 0歳児_月案
 → p64-p67_6月の月案（高月齢児）

6月　高月齢児　月案　いちごぐみ
担任：B先生

今月の保育のポイント

少しずつ園での生活に慣れてきて、探索行動が活発になり、体を動かすことが楽しくなってくる時期です。一方で、生理的な欲求や不安から泣いてしまうこともまだまだ多くあるため、応答的に関わり、安心して過ごせるような環境づくりをしていくことが必要です。

前月末の子どもの姿

- はいはいですすむ距離が伸び、意欲的に探索行動を行う姿が見られた。
- 戸外や室内での遊びが充実したことで、午睡を長くとれる子が増えた。
- 不安な気持ちから、特定の保育者を追いかける姿が見られた。

	ねらい	内容
健やかに伸び伸びと育つ	・自分から意欲的に食事をする。 ・安心して睡眠する。 ・おむつを替えてもらったことの気持ちよさを味わう。	・自ら口を開けたり、手づかみで食べたりして、意欲的に食べようとする。 ・しっかりと一定の時間、午睡がとれる。 ・保育者におむつを替えてもらい、清潔になった気持ちよさを感じる。
身近な人と気持ちが通じ合う	・保育者とのやりとりやふれあい遊びのなかで、受容される喜びを感じる。	・身振りや手振りを交えながら、保育者と一語文や単語でのコミュニケーションを楽しむ。
身近なものと関わり感性が育つ	・感触遊びをとおして、指先や手、体の感覚を養う。 ・玩具にふれて感触を楽しむ。	・さまざまな素材にふれ、指先を使う遊び（ちぎる、破くなど）や感触遊びを楽しむ。 ・壁にかけた玩具に手を伸ばし、壁からとりはずしたり、ふれたりして遊ぶ。

職員との連携

- 離乳食の内容が変わる子が増えるので、いつからどのように変わるかを保育者同士で確認し、誤りなく提供できるようにする。
- 梅雨時期のため、玩具や保育室の衛生管理について話し合い、決めたことを実行する。

家庭・地域との連携

- 夏の感染症であるヘルパンギーナや手足口病について、おたよりなどを利用して伝える。
- 家庭で新しい食材を食べたときは、そのときの様子を知らせてもらうようお願いする。

※乳児保育の場合、特に養護と保育内容は一体的に展開されるものですので、ねらいと内容を設定するときには養護の要素も含めて考えることが大切です。

6月 月案・高月齢児

養護のねらい
- 保育者に自分の思いや欲求を受け止めてもらう心地よさが感じられるように関わる。
- 安定した生活リズムのなかでおだやかに過ごせるよう、一人ひとりと応答的に関わっていく。

健康・安全への配慮
- 熱中症予防のため、室温・湿度・衣服・寝具を適切な状態に調整し、麦茶や白湯でこまめに水分補給をする。
- 子どもが口に入れた玩具は別の容器に分けておき、清潔にするまで他の子がそれで遊ばないようにする。

行事
- 身体測定
- 歯科検診
- 誕生会
- 避難訓練

環境構成	保育者の関わりと配慮事項
・興味をもったものを手づかみで食べたい様子が見られたら、皿にのせて提供する。 ・途中で目覚めてしまったときは、保育者がそばにつき、再入眠できる環境をつくる。 ・おむつ替えシートは共有しないように個別のものを用意する。	・意欲的に食事をしている姿に「おいしいね」と共感し、保育者も一緒に食べる。 ・長く午睡ができない子の場合は、夕寝をとるなど個々のペースを尊重する。 ・おむつ交換が終わったら笑顔で「気持ちよくなったね」と声かけし、気持ちよさを共有する。
・1対1で向き合ってていねいに関わるようにし、安心して楽しめる雰囲気をつくる。	・動きや表情に応答的に関わり、欲求を受け止める。 ・一人ひとりの好きなものを把握し、「○○ちゃんは車が好きね」などとやりとりしながら関わるようにする。
・新聞紙やポリ袋、小麦粉、寒天、片栗粉などを用意し、さまざまな感触のものにふれる機会をつくる。 ・子どもがふれやすい高さの壁に玩具を設置する。	・誤飲に注意して見守る。 ・1回ではなかなかふれられない子もいるため、一度きりの活動にならないよう何度か行う。 ・「とれたね」「出せたね」など、子どもが達成感を感じられるような言葉がけをする。

食育
- 食べることに興味をもち、意欲的に手づかみ食べをする。
- 皿にのった食べ物を手づかみで食べようとする。

反省・評価のポイント
- 安定した気持ちで過ごせるよう、さまざまな思いや欲求に対し、応答的に関わることができたか。
- 離乳食の内容が変わった際に、興味をもって食事がとれるような声かけができたか。

6月 個人案 低月齢児・高月齢児

◎ CD-ROM → 📁 0歳児 _ 個人案
→ 📁 p68-p71_6月の個人案（低月齢児・高月齢児）

	低月齢児 Aちゃん 5か月（女児）	低月齢児 Bちゃん 8か月（男児）
前月末の子どもの姿	●保育者が名前を呼びかけると、声を出して喜ぶ様子が見られた。 ●気になる玩具があると、手を伸ばそうとしていた。	●座位の姿勢から、腹ばいになろうとする姿が見られた。 ●抱っこで入眠するが、布団に下ろすと目を覚まして泣くことが多かった。
ねらい	✚♪生活リズムが整い、興味のある玩具で遊ぶ。	✚安心できる環境のなかで、心地よく過ごす。
内容	✚♪腹ばいの姿勢で興味のある玩具に手を伸ばす。	✚安心できる環境のなかでまとまった睡眠をとる。 ✚腹ばいや座位で心地よく過ごす。
保育者の援助	●音の鳴る玩具など、本児の興味を尊重し、遊びを広げていく。	●心地よく入眠できるように本児のリズムを大切にする。 ●眠りを深くするため、午前中の活動量を増やす。
振り返り	●自ら玩具に手を伸ばし、遊ぶ姿が増えていった。 ●保育者も一緒に遊びを楽しむようにし、楽しい雰囲気をつくっていく。	●午睡中に何度か目を覚まして泣くことがあった。 ●特定の保育者が関わり、まだ眠そうなときには再入眠できるように、促していく。

ポイント！保育者の思い

徐々に園生活にも慣れ、生活リズムが整ってくる時期です。

✚…健やかに伸び伸びと育つ　♥…身近な人と気持ちが通じ合う　♪…身近なものと関わり感性が育つ

高月齢児 Cちゃん 11か月（男児）	高月齢児 Dちゃん 1歳1か月（女児）
●不安で泣くこともあるが、保育者が気持ちを受け止めることで落ち着いて遊ぶ様子が見られた。 ●午睡時に何度か目を覚まして泣いていた。	●泣くこともあったが、保育者に抱っこされると落ち着き、機嫌よく遊ぶことができた。 ●戸外活動や室内遊びを充実させたことで、午睡を長くとるようになった。
✚♥園生活に慣れ、保育者との関わりを楽しむ。	✚♥保育者とのふれあいを楽しみながら、安心して過ごす。
✚♥喃語を発し、保育者とのやりとりを楽しむ。	♥保育者に喃語で話しかけることが増える。
●ふれあい遊びや絵本を読むなかで、喃語を模倣して返すように関わる。	●喃語を発したときは、同じ喃語を返すことで、やりとりを楽しめるようにする。
●保育者に喃語で話しかける姿がよく見られた。 ●同じ言葉で返したり、気持ちを代弁したりすることで、関わりを楽しめるようにしていく。	●ふれあい遊びのなかで、保育者に気持ちを伝えようとする姿が増えた。 ●本児の発した言葉に応答的に関わっていく。

6月　個人案　低月齢児・高月齢児

ポイント！ 保育者の思い

受容的・応答的な関わりが、保育者との愛着関係を結ぶためには大切です。

6月 個人案 配慮事項・発達援助別

◉ CD-ROM → 📁 0歳児 _ 個人案
→ 📁 p68-p71_6月の個人案（配慮事項・発達援助別）

	発達援助 ✚健康・安全 3か月（女児） 途中入園	気になる子 ♥人間関係 8か月（女児） 抱っこをせがまない
前月末の 子どもの姿	●母親と別れるときに、泣いてしまう姿が見られた。 ●自宅では母乳を飲んでいるため、哺乳瓶からの授乳に慣れていない。	●眠かったり、遊びに飽きてしまったりしたときに、一人で泣くだけで大人を求めることが少ない。
ねらい	✚園生活に慣れ、心地よく過ごす。	♥保育者と信頼関係を築き、スキンシップを楽しむ。
内容	✚哺乳瓶に慣れ、安心してミルクを飲む。	♥スキンシップややりとり遊びをとおして、他者とのコミュニケーションの楽しさを感じる。
保育者の 援助	●他児を気にせずミルクが飲めるように、静かな空間で授乳を行う。 ●信頼関係が築けるよう特定の保育者が関わりをもつようにする。	●子どもの興味や楽しいと感じることをよく観察して探す。 ●抱っこをせがまなくても、子どもが保育者を見ているときなどチャンスを見逃さずに関わる。
振り返り	●哺乳瓶からの授乳では全量飲むことはできなかったが、ゆっくり授乳することで、徐々に慣れていく様子が見られた。	●くすぐり遊びを好み、保育者が近づくとやってほしくて声を出すようになった。
保護者への 配慮事項	●家庭での授乳環境をよく聞き、希望があれば冷凍母乳での授乳にも対応する。	●手がかからないので親子の関わりが薄くなってしまう可能性があるため、スキンシップなどを多く行ってもらうよう伝える。

ポイント! 保育者の思い

慣らし保育に余裕をもち、無理なく園生活を送れるようにします。

人への関心が薄い子がいます。焦らず本人が心地よい関わりを積み重ねていきましょう。

✚…健やかに伸び伸びと育つ　♥…身近な人と気持ちが通じ合う　♪…身近なものと関わり感性が育つ

気になる子 ✚健康・安全	発達援助 ✚健康・安全
10か月（男児） **口に入れた食べ物を出してしまう**	**11か月（男児）** **ノロウイルス感染による休み明け**
●手づかみ食べを始めたが、食べ物を吐き出すことが増えた。 ●特に新しい味や舌触りのものを食べたときに多いが、食べ慣れたものでもすることがある。	●ノロウイルスの感染により、1週間ほど保育園を休んでいた。
✚楽しい雰囲気のなかで食事を楽しみ、さまざまな味や食感に親しむ。	✚無理のないように、園での生活リズムを取り戻す。
✚さまざまな味・食感の食材に親しむ。 ✚食事の時間を楽しみ、意欲的に食事をする。	✚体調や機嫌を見ながら、食事や睡眠のリズムを整える。
●遊び食べが多い場合は、食べさせるための食材を分けてとっておき、遊び食べに飽きたところで与える。 ●保育者や友だちが食べているところを見せ、一緒に食事を楽しむ雰囲気をつくる。	●元気そうに見えても、便には2～3週間ウイルスがいるので、感染源とならないようにおむつの始末に気をつける。
●初期は遊び食べが激しかったが、新たな食材にも慣れ、食べられるものが増えた。	●体調を崩すことはなかったが、食欲はあるか、脱水症状はないかなど気をつけて様子を観察した。
●食べられるようになることよりも、まずは食事を楽しむことを大事にしてもらうように伝える。	●食欲が戻り元気になっても便にはウイルスがいることがあるので、排便の始末には十分に注意することを伝える。

6月 個人案 配慮事項・発達援助別

どうしても食べない食材がある場合は、味覚や触覚の過敏さがある可能性があるので、無理強いしないようにしましょう。

保育者自身も手洗いなどの対策をし、集団感染に気をつけます。

6月 乳児保育のポイント

保健　熱中症対策をしましょう

現れる症状
- 急激な体温の上昇
- 少し動いただけで、汗が異常に出る
- 顔が真っ赤になる
- 動きが鈍くなる、フラフラする、だるそうになる

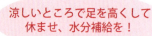
涼しいところで足を高くして休ませ、水分補給を！

予防のポイント
- 屋外活動は、涼しい午前中に行う。気温に応じて時間を短縮することも検討する。
- 直射日光を避け、日陰で行う。帽子や通気性のよい服の着用など、服装にも気をつける。
- 一人の子どもの活動の開始時から終了時までの様子を観察し、把握すること。
- 活動の前後には十分な水分補給をする。

- 子どもは大人よりも体内の水分比率が高いため、水分が失われると、とたんに脱水症状を起こします。
- 暑さに慣れていない5〜6月の急に暑くなるような日に、熱中症が発生することが多くあります。
- 目安として、気温25℃、湿度60%を超えるような日には、特に対策が必要となります。

室温、湿度の管理で熱中症対策を！

子どもは体温調節が未熟であり、健康維持のためにも温度や湿度の室内環境は常に整えておきましょう。夏は25〜28℃が適温とされており、外気温との差は5℃以内にすることも目安です。お昼寝のときも、28℃を超えるような日は、冷房の利用を検討しますが、冷えすぎないように注意が必要です。室温は、子どもの頭の高さで測るようにします。

食　乳首の選択のしかた

哺乳瓶の乳首には、さまざまな形のものがあり、ミルクが出る穴の形にも種類があります。赤ちゃんの吸う力に合わせて、適切なものを選ぶようにします。

人工乳首の穴の形

スリーカット	クロスカット	丸穴

乳首が合っていないときの確認ポイント

- むせてしまう
- 口に乳首を入れたがらない
- 授乳中に口から乳首を出してしまう
- 吸ってもミルクが減っていかない
- 1回量を飲み干すのに時間がかかる
- 短時間で飲み終えてしまう

夏の食中毒に注意しましょう

6月から9月にかけては、温度や湿度が高くなるため、細菌の活動が活発になります。病原性大腸菌やノロウイルスは、人から人へと感染するので、保育室での対応には注意したいものです。保育者、園児のトイレ後や食前の手洗いの徹底、下痢時の排便の世話には特に注意をしましょう。また、排便時には、ふだんと違った様子はないか、便の状態やにおい、回数などの健康観察をすることも大切です。

遊びと環境

その① 春の自然にふれて遊ぶ（低月齢）

用意するもの　バギー、おんぶ紐

環境のポイント
- 目的地や使う道具の安全を確認しましょう。
- 個々の体調を把握し、無理のない時間帯に行うようにしましょう。
- 自然物を口に入れないように、配慮しましょう。

活動の内容
- 梅雨の晴れ間に、外気浴を楽しむ。
- おんぶや抱っこ、バギーに乗りながら、心地よい風や自然を感じることを楽しむ。

春の自然にふれる

6月 乳児保育のポイント

その② 壁掛けの玩具で遊ぶ（高月齢）

用意するもの　手づくりの壁掛けの玩具

活動の内容
- 壁から玩具をとったり、ウォールポケットから玩具を出したりして楽しむ。
- 自分のペースで繰り返し挑戦し、「取れた」「出せた」という達成感や満足感を味わう。

壁掛けの玩具で遊ぶ

環境のポイント
- 壁掛け玩具を置く位置は、発達に応じた高さにしましょう。

発達を促すために…
- 同じ玩具を置いておくことで、自らふれる姿が見られる。壁に置く高さ、壁につける方法、玩具の大きさなどを発達に応じて変えることで、さらに「やってみたい」という意欲がわく。

6月の文例集（低月齢児）

CD-ROM → 0歳児_季節の文例集→p74_6月の文例集_低月齢児

前月末の子どもの姿
- 興味のあるものに近づこうと、ずりばいで移動していた。
- 離乳食をスタートさせる子が出てきた。

養護のねらい
- 体調に異常がないかどうか子どもの様子をこまめに観察し、梅雨を清潔に心地よく過ごせるようにする。
- 甘えや不安な気持ちを十分に受け止め、安心して過ごせるように関わっていく。

健康・安全への配慮
- 梅雨の時期を快適に過ごせるよう室内の温度や湿度を管理し、環境を整える。
- ずりばいで動きまわる子も多くいるため、高月齢児と遊ぶスペースを分けるなどして、安全に遊べる環境をつくる。

ねらい
- ✚自ら姿勢を変えたり移動したりすることを楽しむ。
- ♥保育者との関わり合いを楽しむ。
- ♪絵本に興味をもち親しむ。

内容
- ✚自由に寝返りし、興味をもったものにずりばいで近づく。
- ♥保育者の歌うわらべうたに興味をもち、喜ぶ。
- ♪絵本の絵を見たり、読み聞かせの声を聞いたりして、思い思いに楽しむ。

環境構成
- 寝返りの妨げになるような障害物を取り除き、自由に身体を動かせるスペースをつくる。
- 身振り手振りのついた手遊びうたやわらべうたを準備しておく（「いっぽんばしこちょこちょ」など）。
- 保育者と子どもが1対1で絵本を見るようにし、ゆったりと関わる。

保育者との関わりと配慮事項
- 移動しているときは、まわりに危険なものや障害物がないかを確認し、何かあったときはすぐに手を出せる距離で見守る。
- 表情豊かに歌うことで、楽しさを伝える。
- 安心して楽しめるよう読み聞かせは保育者のひざにのせて行う。

職員との連携
- 離乳食のすすみ方を把握し、必要な介助ができるように、園児の情報を栄養士や調理スタッフとも共有する。

家庭・地域との連携
- 離乳食の形状や量を保護者に伝え、家庭とも連携をとってすすめていけるようにする。

食育
- 食材を口に入れることに慣れる。

✚…健やかに伸び伸びと育つ　♥…身近な人と気持ちが通じ合う　♪…身近なものと関わり感性が育つ

6月の文例集（高月齢児）

● CD-ROM → 📁 0歳児＿季節の文例集→ p75_6月の文例集＿高月齢児

前月末の子どもの姿
- 探索行動が増え、はいはいやつかまり立ち、つたい歩きを盛んに楽しんでいた。
- 自分の名前を呼ばれると、反応する子がいた。

養護のねらい

- ふれあい遊びをとおして、愛着関係を築いていく。
- 子どもの気持ちを十分に受け止め、安心して園で生活できるようにする。

健康・安全への配慮

- 汗をかきやすくなる季節なので、着替えをこまめにするなど、清潔を保って過ごせるようにする。
- こまめに水分補給をし、体調を崩さないように配慮する。

ねらい

- ✚自ら移動することを楽しむ。
- ♥保育者の仲立ちをとおして、他児と同じ場で過ごすことを楽しむ。
- ♪さまざまな玩具に興味をもち、遊びを楽しむ。

内容
- ✚はいはいやつかまり立ち、つたい歩きで移動することを楽しむ。
- ♥他児と同じ場所で、模倣遊びなどを楽しむ。
- ♪手や指先を上手に使って玩具で遊ぶ。

環境構成
- 雨の降る日も保育室で十分に身体を動かせるように、マットや巧技台を用意する。
- 他児と同じ遊びを共有できるように同じ玩具を複数用意しておく。
- 指の動きが巧みになってくるので、つまんだり、ひっぱったり、握ったりできる玩具を用意する。

保育者との関わりと配慮事項
- 転倒することが多い時期なので、大きな事故につながらないようにそばで見守る。
- 保育者が仲立ちすることで、他児への興味を引き出すとともに、他児に手が出てしまうことがないように見守る。
- 玩具ではないものを叩いたりして遊ぶ姿も見られるが、遊びの一環として見守る。

職員との連携

- 後追いが始まる時期なので、役割を決めて担当の保育者が常にそばで関わることができるようにする。

家庭・地域との連携

- 盛んに動き始めると、家庭でも事故につながる危険なものがたくさんあることや、子どもにとっての安全な環境について保護者に伝える。

食育

- 保育者の「もぐもぐね」などの声かけに合わせて、よくかんで食べる。

✚…健やかに伸び伸びと育つ　♥…身近な人と気持ちが通じ合う　♪…身近なものと関わり感性が育つ

7月 月案・低月齢児

CD-ROM → 0歳児_月案
→ p76-p79_7月の月案（低月齢児）

7月　低月齢児　月案　いちごぐみ
担任：A先生

今月の保育のポイント

水遊びを楽しむ季節です。それぞれの心身の発達に合わせて水の感触を楽しめるように、環境づくりを工夫しましょう。水遊びの日は保護者と密に連携をとって体調を把握し、無理せず活動を行うことが大切です。

前月末の子どもの姿
- 人見知りをすることが徐々になくなり、座位で一人遊びに集中して、楽しむ子どもが増えてきた。
- バギーで散歩に出かけたとき、顔の近くにあるアジサイに手を伸ばそうとする姿が見られた。

	ねらい	内容
健やかに伸び伸びと育つ	●衣服やおむつを交換してもらい、心地よく過ごすことで生活リズムが安定する。 ●さまざまな姿勢で探索行動をする。	●汗をかいた衣服やおむつを交換してもらい、清潔になる心地よさを感じる。 ●一定の時間、安心して眠る。 ●興味のあるものに手を伸ばし、腹ばいをする。はいはいやずりばいで探索を楽しむ。
身近な人と気持ちが通じ合う	●保育者とのやりとりや関わり合いを楽しむ。	●保育者と指差しや喃語でコミュニケーションをとることを楽しむ。
身近なものと関わり感性が育つ	●水を使った感触遊びを楽しむ。	●興味をもって、水にふれてみようとする。

職員との連携
- 水遊びやシャワーが可能かどうか、個々の体調を一覧にして保育者全員で把握する。
- とびひや手足口病など、水を媒介して移る感染症について情報を共有しておく。

家庭・地域との連携
- 水遊びやシャワーが可能かどうか、保護者と子どもの体調を共有する。
- 発熱や発疹で休んだ場合は、休み明けに話を聞く。
- 食事や機嫌、熱など園での様子をこまめに把握して保護者に伝え、連携をとる。

※乳児保育の場合、特に養護と保育内容は一体的に展開されるものですので、ねらいと内容を設定するときには養護の要素も含めて考えることが大切です。

7月 月案・低月齢児

養護のねらい
- 体調や生活リズムに留意し、夏を快適に過ごせるようにする。
- 個々の体の発達や健康状態に配慮しながら、水遊びを楽しめるようにする。

健康・安全への配慮
- 沐浴やシャワー、着替えをして清潔を保ち、室温や湿度を調整して快適に過ごせるようにする。
- 遊びや休息のリズムを整え、個々に無理のない1日を過ごせるようにする。

行事
- プール開き
- 七夕まつり
- 身体測定
- 誕生会
- 避難訓練

環境構成	保育者の関わりと配慮事項
● 清潔な衣服やおむつを保育者の手にとりやすい場所に用意しておく。 ● 汗をかきやすい子どもには、うちわや扇風機などを用意して、睡眠中の暑さを抑える。 ● 十分に体を動かせるように、室内から廊下をオープンにして、危険なものを取り除き、安全なスペースを確保する。	● 「暑かったね」「気持ち悪いよね」などの声をかけ、あせもの有無など皮膚の状態を観察しながら交換する。 ● 扇風機を使う場合は風を直接子どもたちに当てず、室内の空気を循環させるようにする。 ● 保育者も一緒にはいはいをするなど、同じ目線で楽しむことで身体運動を促す。
● 「おはなしゆびさん」などで保育者と指遊びを楽しみ、安心して過ごせる環境をつくる。	● 子どもからの発信をていねいに受け止め、「○○が揺れてるね」「楽しいね」と言葉にして共感していく。
● 腹ばいの子も楽しめるように、ビニール袋や透明なケースを使い、間接的にふれてみたり、水の動きを眺めたりできる環境をつくる。	● 水遊びでは落ち着いて子どもたちと接し、危険がないように配慮する。 ● 水を怖がる子には無理強いせず、他児のやることを見るだけにしておく。

食育
- 保育者の「おいしいね」という声かけを受け、楽しく意欲的に食事する。

☑ 反省・評価のポイント
- 子どもの目線になって声をかけ、一緒に遊ぶことができたか。
- 個々の体調に配慮して活動内容を設定できたか。
- 水遊びでは、それぞれの発達に合わせて関心がもてるような環境づくりができたか。

7月 月案・高月齢児

CD-ROM → 0歳児_月案
→ p76-p79_7月の月案（高月齢児）

7月　高月齢児　月案　いちごぐみ
担任：B先生

今月の保育のポイント
歩くことを楽しむ子どもが増えてきました。まわりの子とも仲よく遊べるよう、子ども同士の関わり合いにはけがのないようしっかりと注意して見守りましょう。また、水遊びを十分に楽しめるように、段階的に活動を設定していくようにしましょう。

前月末の子どもの姿
- つたい歩きで積極的に移動し、活動する姿が見られた。
- 体調が安定し、食べられるものが増えてきた。
- 他児と関わろうとして、叩こうとする姿も見られた。

	ねらい	内容
健やかに伸び伸びと育つ	● 口の中で食材をつぶしたりかんだりして食べる。 ● 清潔にしてもらうことで、人と関わる快さを感じる。	● 保育者に見守られながら、舌で食材をつぶしながら口をもぐもぐと動かして食べる。 ● 汗をかいたときは保育者に沐浴をしてもらい、清潔になった心地よさを味わう。
身近な人と気持ちが通じ合う	● 保育者や他児との関わり合いを楽しむ。	● 他児の遊んでいる様子をじっと見たり、近い場所に行って一人遊びを始めたりする。
身近なものと関わり感性が育つ	● 砂や水を使った感触遊びを楽しむ。	● たらいやバケツに水を張って玩具を浮かべたり、水にふれてみたりして遊ぶ。 ● 砂を握ったりすくったりして遊ぶ。

職員との連携
- 保育者全員が確認できる場所に「子どもの体調一覧表」を掲示し、プールやシャワーの可否について、毎朝登園したら記入する。
- 水を介してうつる感染症（とびひ、手足口病）の兆候や対応について、園全体の方針を確認しておく。

家庭・地域との連携
- 水遊びに必要な健康確認をお願いし、子どもの体調に変化があれば共有する。
- 発熱や発疹で休んだ場合、休み明けの登園時に症状や回復の様子、医師からの注意事項がないかなどを聞いておく。

※乳児保育の場合、特に養護と保育内容は一体的に展開されるものですので、ねらいと内容を設定するときには養護の要素も含めて考えることが大切です。

 養護のねらい
- 一人ひとりの健康状態を把握し、快適に過ごせるようにする。
- 保育者との安心できる関わりのなかで、1日を過ごせるようにする。

 健康・安全への配慮
- 水遊びでは、水深1cmでも事故の危険があるため保育者の人数を通常保育時よりも増やして活動にあたる。
- 一人ひとりの健康状態をよく観察し、必要なときに適宜衣服を交換したり、水分補給をさせたりする。

 行事
- プール開き
- 七夕まつり
- 身体測定
- 誕生会
- 避難訓練

7月 月案・高月齢児

環境構成	保育者の関わりと配慮事項
● 保育者がそばについて、一緒に食べるようにする。	● 一緒に食べながら適量や口の動かし方を伝えていく。
● 水分はしっかりとぬぐうようにする。	●「気持ちよくなったね」と声をかけ、子どもと一緒に気持ちよくなったことを喜ぶ。
● 他児に対して手が出る子もいるため、お互いに距離をとるなど保育者が仲立ちできる場所にいるようにする。 ● 園庭で遊ぶ年上の子どもが遊ぶ様子を見られるようにする。	● 不意に玩具を投げたり、他児を押し倒そうとしたりすることもあるため、危険がないように目を離さず見守る。
● 水を張ったたらいやバケツと浮かべる玩具を準備する。 ● 水の量は活動の状況と安全に考慮して調整する。 ● 好きな道具でも砂をすくえるよう、スプーンやカップ、シャベルなどを用意しておく。	● 安全面に十分注意し、ゆったりと楽しめるようにする。 ● 砂を誤飲しないよう、注意して目配りする。

 食育
- 楽しい雰囲気のなか、保育者と一緒に口をもぐもぐさせて離乳食を食べる。

 反省・評価のポイント
- 暑いなかでも健康に過ごせるよう、衣服や室温の管理はできていたか。
- 水の気持ちよさを味わえる環境を設定できたか。
- 他児との関わり方を伝えながら、一緒に見守ることができたか。

7月 個人案 低月齢児・高月齢児

CD-ROM → 0歳児_個人案
→ p80-p83_7月の個人案（低月齢児・高月齢児）

	低月齢児 Aちゃん 6か月（女児）	低月齢児 Bちゃん 9か月（男児）
前月末の子どもの姿	●寝返りを繰り返し行う姿が見られた。 ●安定したミルク量を飲めるようになってきた。	●保育者がそばから離れると、泣いてしまうことがあった。 ●腹ばいの姿勢をするようになり、盛んに移動したり、旋回したりする姿が見られるようになった。
ねらい	✚さまざまな舌触りを感じながら、食事を楽しむ。	♪興味のある玩具に手を伸ばし、腹ばいの状態で落ち着いた時間を過ごせるようにする。
内容	✚初期食に慣れ、意欲的に食事をする。	♪興味のある玩具に手を伸ばし、楽しく遊ぶ。
保育者の援助	●スプーンに慣れ、すすんで口を開けられるよう、明るい表情や声かけをして提供する。	●興味を示す玩具を用意する。 ●目線を合わせて声をかけながら楽しく遊べるようにする。
振り返り	●粒感を嫌がる姿もあったが、食事中は笑顔を見せ落ち着いて食べていた。 ●「おいしいね」「もぐもぐだよ」の声かけをして楽しい雰囲気をつくっていく。	●甘えたい気持ちを受け止め、近くで見守ることで、座位で一人遊びを楽しむ姿が見られた。 ●今後も動きや表情に応答的に関わり、欲求を受け止めていく。

ポイント！保育者の思い

体がめまぐるしく発達する時期です。安心して探索活動ができるよう、環境を整えましょう。

✚…健やかに伸び伸びと育つ　♥…身近な人と気持ちが通じ合う　♪…身近なものと関わり感性が育つ

高月齢児 Cちゃん 12か月（男児）	高月齢児 Dちゃん 1歳2か月（女児）
♥食事中に遊び出し、食べ物を口から出してしまうことがあった。 ♥人見知りが徐々になくなり、遊びに集中できるようになった。	♥他児に興味を示し、顔をのぞきこむしぐさをしていた。 ♥つたい歩きや四つばいで移動をする姿が見られた。
✚意欲的に食事ができるようにする。	♪探索活動の範囲を広げ、さまざまな遊びを楽しめるようにする。
✚完了期食の形態に慣れ、どんなものでも意欲的に食べる。	✚♪四つばいやつたい歩きで、体を動かすことを楽しむ。
♥自分で食べようとする気持ちを大切にし、介助皿に食材を置くなどして、手づかみ食べを促していく。	♥安心して探索活動が行えるようスペースを確保し、四つばいやつかまり立ちでの活動が広がるようにする。
♥食材や咀しゃくできるものかどうかで、食べる量にムラがあった。 ♥苦手な食材を皿の上で細かくしたり、食べる順番を工夫したりしていく。	♥保育者に両手を支えられての歩行を楽しみ、一人で歩こうとしていた。 ♥バランスを崩して転ぶことが多いため、けがや事故が起きないよう環境を整えていく。

7月　個人案・低月齢児・高月齢児

ポイント！保育者の思い

保育者との愛着関係ができると、さまざまなことに興味や意欲を示すようになります。気持ちを受け止め、関わっていきましょう。

7月 個人案 配慮事項・発達援助別

CD-ROM → 0歳児_個人案 → p80-p83_7月の個人案(配慮事項・発達援助別)

	気になる子 ✚健康・安全 4か月（女児） 抱っこをすると体が固まる	発達援助 ✚運動 5か月（男児） 寝返りをし始めた
前月末の子どもの姿	● 抱っこすると体が緊張するように固まり、なかなかリラックスできない。	● 体をねじり、寝返りをしようとしていた。
ねらい	✚抱っこを心地よいと感じ、スキンシップを楽しむ。	✚自分で体勢を変えられるようになる。
内容	✚保育者とのスキンシップをとおしてふれあいの心地よさを感じる。	✚保育者の援助を受けながら、寝返りする。
保育者の援助	● 視線を合わせ、声をかけながら、スキンシップを十分にとる。 ● 抱っこして散歩をして、抱っこされると楽しいという経験を重ねる。	● 顔の横に興味を示した玩具を置き、手を伸ばしてとろうとすることで寝返りを促す。 ● 他児や壁で寝返りできない環境にならないよう、スペースを確保する。
振り返り	● 散歩やスキンシップをとおして少しずつ緊張がほぐれてきた。	● 寝返りしようとしているときは、おしりを支えて援助すると、スムーズに寝返りできるようになった。
保護者への配慮事項	● 抱き癖というものはないので、気にせずたっぷり抱っこしてもらうよう伝える。	● 家庭でも上手に寝返りができるように、寝返りの介助の方法を伝える。

ポイント！保育者の思い

急に高さが変わると姿勢や重力の感じ方が変わるので、驚く場合があります。ゆっくり優しく抱き、徐々に揺らしてあげましょう。

繰り返し寝返りができるように玩具を置いたり声かけをしたりします。

✝…健やかに伸び伸びと育つ　♥…身近な人と気持ちが通じ合う　♪…身近なものと関わり感性が育つ

発達援助　♪食事	気になる子　♥人間関係
7か月（女児） **哺乳瓶とミルクに慣れない**	10か月（男児） **一人遊びばかりしている**
●哺乳瓶からの授乳に慣れず、飲む量が安定しなかった。 ●吸う力が弱く、飲んでいるときに眠ってしまうことがあった。	●人への関心が薄く、保育者が関わろうと近寄っても淡々と一人で遊ぶことが多い。
✝落ち着いた環境のなかで授乳をし、満足するまでミルクを飲む。	♥人とのやりとりを楽しいと感じる経験を積み重ねる。
✝授乳に時間がかかっても、一定量のミルクを飲む。	♥保育者とやりとりのある遊びを楽しむ。 ♥お気に入りの遊びを保育者と楽しむ。
●活動量を増やすことで空腹を感じ、完飲できるようにする。 ●口の動きを見ながら、ゆっくりと授乳をすすめていく。	●子どもの興味や楽しいと感じることは何かをよく観察し、その遊びをまねることから楽しい感覚を共有する。 ●好きな遊びから、少しずつ遊びを広げていく。
●さまざまな哺乳瓶の飲み口を試し、飲みやすい飲み口に替えたことで、一定量は飲めるようになった。	●転がると音が鳴るボールに興味をもち、保育者と転がし合って遊ぶことを楽しむようになった。
●家庭との違いにストレスを感じないように、家庭で使用している哺乳瓶の飲み口の形状を聞き、情報を共有する。	●家庭でもテレビなどをつけない時間をつくり、短い時間でもやりとり遊びをしてもらうように伝える。

いろいろな哺乳瓶の飲み口のタイプを試してみるとよいでしょう。

人とのやりとりを心地よいと感じ、人と関わるのも悪くないと思ってもらえるように、まずは本人の世界をよく観察しましょう。

7月 乳児保育のポイント

保健　夏の感染症の予防に努めましょう

ヘルパンギーナ

【症状】
高熱が出る。のどに水泡や潰瘍ができるため、乳児の場合はミルクが飲めないほどに。

【注意ポイント】
4〜6日程度で治り、元気になれば登園可能だが、ウイルスは2〜4週間、便に排泄されるため、取り扱いに注意。

咽頭結膜熱（プール熱）

【症状】
高熱とのどの痛み。目のかゆみや痛み、充血など結膜炎のような症状が出る。

【注意ポイント】
感染したら登園停止。症状がなくなっても2日経過するまでは、自宅での安静が必要。ウイルスは1か月、便に排泄される。

手足口病

【症状】
手のひら、足の裏、口の中に小さな発疹や水泡ができる。

【注意ポイント】
3〜5日で治る。元気であれば登園できるが、合併症の危険があるため、発熱が3日以上続くなどの症状があるときは、注意が必要。

とびひ

【症状】
水ぶくれができ、皮膚が破けて赤くむけたような状態に。発熱することもある。

【注意ポイント】
細菌感染しているので、患部がじくじくとした状態であれば、個別に行うシャワーはよいがプールは避けたほうがよい。

- 感染症には、それぞれに感染しやすい時期があります。夏に流行しやすい感染症について知っておきましょう。
- 集団生活を行う以上、感染症を完全に予防することはできませんが、正しい知識を身につけることで、リスクの軽減に努めることはできます。

夏のスキンケア

乳幼児の肌は、刺激や乾燥に弱く、新陳代謝が活発で、たくさんの汗をかき、あせもや肌荒れが起こりやすくなっています。汗で皮膚に炎症が起こると、かゆみが発生し、かきむしってしまうことがあります。皮膚が傷つくとそこから細菌に感染し、とびひになることもあります。沐浴やシャワーで、肌を清潔に保つようにしましょう。また、5〜9月は紫外線量が多く、対策が必要です。特に10〜14時の線量が強いので日陰での活動を取り入れるなどして遊びましょう。

食　母乳やミルク以外の食べ物はいつから？

- 2か月ごろから、指をしゃぶったり、おもちゃをなめたりするようになります。これは口のまわりで受けるさまざま感覚を体験することで、離乳に備えるものといわれています。
- 5〜7か月ごろには、徐々に哺乳反射が消えてきて、自らの意思で口にものを入れ、飲みこむことができるようになります。個人差もありますが、この時期に離乳食を開始するのが目安です。

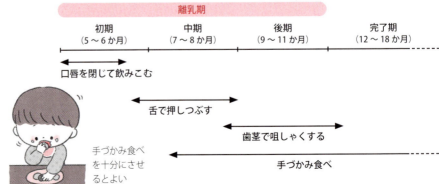

遊びと環境

その① 寝返りや腹ばいになって遊ぶ（低月齢）

用意するもの マット、おきあがりこぼしやプルトイなど興味をもつ玩具（安全な材質や大きさ、清潔感のあるもの。寝返りを誘う位置に置く）

環境のポイント
- 腹ばいが安定しない時期は、姿勢を変える際に足の裏を支えたり、保育者が見ているようにしましょう。
- 保育者もうつぶせになり、腹ばいで遊ぶ楽しさを感じられるようにしましょう。
- 授乳直後は避けましょう。

活動の内容
- 回転する楽しさや、腹ばいで遊ぶ楽しさを味わう。
- 玩具に触ることで、ものにふれる楽しさや達成感、満足感を味わう。

寝返りをしたり腹ばいになったりして遊ぶ

7月 乳児保育のポイント

その② 砂や土で遊ぶ（高月齢）

用意するもの スプーン、カップ、シャベルなどの玩具、手洗い用の水

活動の内容
- 砂や土にふれ、感触を楽しむ。
- 手で砂を握ったりすくったり、保育者が砂を入れたカップをひっくり返したりして遊ぶ。

砂や土で遊ぶ

環境のポイント
- 砂場の砂を掘り返し、すくいやすいようにやわらかくほぐしておきましょう。
- 砂や土を誤飲しないよう、配慮しましょう。

7月の文例集（低月齢児）

CD-ROM → ■ 0歳児 _ 季節の文例集→ p86_7月の文例集 _ 低月齢児

前月末の子どもの姿
- 手足を活発に動かす様子が見られた。
- 人見知りが始まる子もいて、担当の保育者との関わりを求めていた。

養護のねらい
- さまざまな欲求にこたえることで子どもの思いを満たし、安心して過ごせるようにする。
- 夏の感染症に留意し、身体を清潔に保ち、心地よく過ごせるようにする。

健康・安全への配慮
- 暑い日が続くので、食欲不振や体調の変化を見逃さないようにする。
- 保育室の温度や湿度に留意し、快適に過ごせる環境を整える。

ねらい
- ✚ 夏の暑さに負けず、快適に過ごす。
- ♥ 保育者との応答的なやりとりを楽しむ。
- ♪ 身近な玩具に興味をもち、自ら関わろうとする。

内容
- ✚ 沐浴やシャワーで皮膚を清潔に保ち、水分補給をこまめにして心地よく生活する。
- ♥ 保育者とのふれあい遊びや喃語でのやりとりを楽しむ。
- ♪ 腹ばいやあおむけなど、さまざまな姿勢で玩具を取ろうとしたり、ふれたりする。

環境構成
- 快適に沐浴ができるように、空腹時や満腹時は避け、水温にも注意する。
- 一緒に歌を歌ったり、身体を揺らしたりして、保育者も楽しむ雰囲気をつくる。
- 好きな玩具は一人ひとり異なるので、さまざまな素材、感触の玩具を用意して選べるようにする。

保育者との関わりと配慮事項
- 楽しい雰囲気になるように、歌を歌いながら沐浴する。
- 顔や声の表情から気持ちをくみとり、表情豊かにこたえるようにする。
- 一人ひとりの好きな玩具、素材を把握しておく。

職員との連携
- 人見知りが始まった子には、安心できる保育者が対応できるように、役割を話し合って決めておく。
- ミルクの分量や与える時間については、個々の状態を観察しながら考慮し、担任間で共有する。

家庭・地域との連携
- 朝の受け入れ時に健康状態を詳しく聞き、水遊びや沐浴ができるかどうかを確認する。
- 家庭とも連携しながら、離乳食に慣れるようにする。

食育
- 離乳食に少しずつ慣れる。

✚…健やかに伸び伸びと育つ　♥…身近な人と気持ちが通じ合う　♪…身近なものと関わり感性が育つ

7月の文例集（高月齢児）

● CD-ROM → ■0歳児_季節の文例集→ p87_7月の文例集_高月齢児

前月末の子どもの姿
- 名前を呼ばれると、手を上げて反応する姿が見られた。
- 身体の機能が発達し、はいはいや一人歩きを盛んに楽しんでいた。

養護のねらい
- 子どものさまざまな欲求にこたえ、安心して活発に生活を送れるようにする。
- 一人ひとりが満足いくまで十分に遊べるよう、玩具を十分な数用意しておく。

健康・安全への配慮
- 夏かぜをひく子も増えてくるので体調に異変がないかどうか、保護者に健康状態を確認する。
- 遊具や玩具などはこまめに消毒し、清潔を保つ。

ねらい
- ✚食具を使用しながら食事を楽しむ。
- ♥保育者との安定した関係のなか、遊びを楽しむ。
- ♪水に親しみ、ふれることを楽しむ。

内容
- ✚自分でコップをもって少しずつ飲み、スプーンで食べてみようとする。
- ♥保育者の言葉がけにこたえたり、手遊びうたをまねたりする。
- ♪たらいに足をつけることから水の感触に慣れ、水遊びの心地よさを楽しむ。

環境構成
- 子どもがスプーンをもつ手に保育者が手を添えるなど、必要な介助を行う。
- 保育者のしぐさがまねできるように、繰り返し同じ遊びをする。
- 天候に合わせて水温を調整する。

保育者との関わりと配慮事項
- 介助は最小限にとどめ、自分で食べたいという意欲を大切にする。
- 保育者も一緒に身体を動かし、楽しい気持ちを伝える。
- 水を嫌がる子には無理強いせず、友だちの楽しむ様子を一緒に見て、興味をもてるようにする。

職員との連携
- 水遊びでは、子どもの健康状態の情報を共有し、事故が起きないようにしていく。

家庭・地域との連携
- 暑い日が続き、汗をかきやすくなるので、多めの着替えを用意してもらう。

食育
- 一口の分量に気をつけ、ゆっくりよくかんで食べる。

✚…健やかに伸び伸びと育つ　♥…身近な人と気持ちが通じ合う　♪…身近なものと関わり感性が育つ

8月 月案・低月齢児

8月　低月齢児　月案　いちごぐみ
担任：A先生

今月の保育のポイント
はいはいからつかまり立ちへと、体の発達が著しい時期です。子どもの発達と興味に沿った探索活動ができるような環境づくりをしましょう。暑さで体調を崩しやすい時期ですが、夏の遊びを楽しみながら健康的に過ごせるように心がけましょう。

前月末の子どもの姿
- 水遊びではビニール袋に入った水にふれ、楽しそうに声を発していた。
- 探索行動が盛んになり、はいはいやずりばいでの移動を楽しむ姿が見られた。

	ねらい	内容
健やかに伸び伸びと育つ	・食事や睡眠の生活リズムが安定し、落ち着いて生活する。 ・全身を使ってさまざまな動きをしようとする。	・いすに座り、落ち着いて食事をとる。 ・汗で気持ち悪い、食事で口が汚れたなどの不快感を表現して伝えようとする。 ・寝返り、座位の安定、つかまり立ち、はいはいなど、個々の運動機能を使って全身で遊ぶ。
身近な人と気持ちが通じ合う	・絵本をとおして、保育者との関わり合いを楽しむ。	・保育者に絵本『いないいないばあ』を読み聞かせてもらうことを楽しむ。
身近なものと関わり感性が育つ	・水を身体の諸感覚で楽しむ。	・水遊びに興味をもち、水にふれてみる。

職員との連携
- シャワーや水遊びの前には検温をし、個々の体調について異変があればすばやく保育者間で共有する。
- つかまり立ちで転倒しやすい子が多いため、保育者のいる位置を確認し合い、どの子にも手を添えて安全につかまり立ちができるようにする。

家庭・地域との連携
- 水遊びの準備や連絡帳への記入項目について確認し、漏れがないよう協力をお願いする。
- 暑さから体調を崩しやすくなるため、日中の様子を登降園時に伝え、保護者とのコミュニケーションを密にとっていく。

※乳児保育の場合、特に養護と保育内容は一体的に展開されるものですので、
ねらいと内容を設定するときには養護の要素も含めて考えることが大切です。

養護のねらい

- 安心できる環境を設定し、意欲的に探索遊びができるように見守る。
- 一人ひとりの生活リズムを把握し、夏を心地よく過ごせるよう適切なタイミングで食事や休息へ促す。

健康・安全への配慮

- 適宜シャワーを浴びさせたり着替えをさせたりして、清潔に心地よく過ごせるようにする。
- 熱中症対策のため、外で遊ぶときは帽子、日陰の休憩場所の確保、水分補給を忘れないようにする。

行事

- 身体測定
- 誕生会
- 夏まつり
- プール納め

8月 月案・低月齢児

環境構成	保育者の関わりと配慮事項
● 1対1でゆったりと関わり、楽しい雰囲気で食事できるようにする。 ● 子どもたちのこまかな表情を読み取れるよう近くで寄り添い見守る。	● 一人ひとりのペースを尊重しながら、意欲的に食事がすすめられるような声かけをする。 ● 「ごめんね、気持ち悪かったよね」などと声をかけ、子どもたちの気持ちに共感する。
● 運動機能の発達が個々で異なるので、マットの斜面や巧技台、はしごを利用して一人ひとりに合った遊びや環境を設定する。	● はいはいやごろごろ転がる遊びを楽しめる広くて安全なスペースや、マットでつくった段差と坂などを設けておく。
● 興味のある絵本を用意しておき、繰り返し読んであげられるよう時間をとる。	● 声色やしぐさも変えながら、子どもたちが楽しめるよう工夫して読み聞かせる。 ● 絵本に出てくる動物の鳴きまねなどをして、絵本に親しめるようにする。
● 他児の水遊びの様子を見て興味をもてるように、子どもたちの位置を考慮する。	● 水にふれることに抵抗がある子もいるため、個々の様子を見ながらふれる以外の感覚も楽しめるようにする。

食育

- 楽しい雰囲気のなかで食事をする。

反省・評価のポイント

- 子どもの意欲的な活動を促すことができるような環境づくりはできたか。
- まねしてみたいと思えるような保育者とのやりとりができていたか。
- それぞれの発達に合わせた遊びを設定できたか。

8月 月案・高月齢児

CD-ROM → 0歳児_月案
→ p88-p91_8月の月案（高月齢児）

8月　高月齢児　月案　いちごぐみ

担任：B先生

今月の保育のポイント

歩行やつたい歩きなど、個々の運動機能の発達によって、探索範囲がどんどん広がります。それによって玩具などの使い方も変化していくため、けがのないようそばについて見守りましょう。また、暑いなかでの活動では、個々の体調に気を配り、職員間でも情報を共有することが大切です。

前月末の子どもの姿

- たらいでの水遊びを楽しむ姿が見られた。一方、暑さで体調を崩し、園を休む子も出てきた。
- 他児に興味を示すようになったが、気持ちを伝える手段として手が出ることがあった。

	ねらい	内容	
健やかに伸び伸びと育つ	● 楽しい雰囲気のなかで、意欲的に食事をする。 ● 全身を使って遊び、体を動かすことを楽しむ。	● 食具や介助皿を使って、自分で食べる喜びを感じながら楽しく食べる。 ● ボールを転がす、投げるなど、ボールの感触を全身で楽しむ。	
身近な人と気持ちが通じ合う	● 保育者やまわりの子どもとの関わり合いを楽しむ。	● 保育者の「ないない」「どうぞ」などの言葉がわかり、保育者とのやりとりを楽しむ。 ● 他児に興味を示し、関わりをもとうとする。	
身近なものと関わり感性が育つ	● 水の冷たさや感触を楽しむ。	● 指先や体に水がふれる感触をじっくりと味わう。	

職員との連携

- シャワーや水遊びの前には検温をし、子どもの体調に変化がないか保育者間で協力して観察し、共有していく。
- 水遊びの際は事故防止のため必ず複数の保育者を配置し、子どもから目を離さないようにする。

家庭・地域との連携

- 水遊びのための準備物について、連絡帳やおたよりで保護者に周知をはかる。
- 長期の休み明けは、休み中の子どもの様子や体調を教えてもらい共有する。

※乳児保育の場合、特に養護と保育内容は一体的に展開されるものですので、
　ねらいと内容を設定するときには養護の要素も含めて考えることが大切です。

養護のねらい

- 指差しや喃語、しぐさでの要求にていねいに応じることで、信頼関係を深め、自己肯定感を育む。
- 子どもたちの気持ちを尊重し、一人ひとりのペースで安心して過ごせるように見守る。

健康・安全への配慮

- 汗をかいたらシャワーや沐浴で清潔を保ち、快適に過ごせるようにする。
- 水遊びの際は事故が起きないよう、子どもの動きに十分目を配る。

行事

- 身体測定
- 誕生会
- 夏まつり
- プール納め

8月・月案・高月齢児

環境構成	保育者の関わりと配慮事項
● それぞれのペースに合わせて、食具（スプーン）や介助皿などを使うようにする。	● 具体的な野菜の名前をいったり、「はい、どうぞ」と声をかけたりするなどして、ていねいに関わる。
● ボールプールを用意し、たくさんのボールが動く様子を楽しめるようにする。	● ボールの取り合いなど、他児との接触でけがのないように見守る。
● コミュニケーションがとれるように、1対1で関わる時間をつくる。 ● 子どもたち同士のトラブルが発生しないよう、保育者は様子を見ながら居場所を変えていくようにする。	● 玩具を差し出したり、指を差したりしているときなどは、子どもの気持ちをくみ取り、言葉で表現する。 ● 他児に手が出そうになったときは、保育者が間に入り、言葉をかけてその子の気持ちに寄り添い、他児との関わりを見守っていく。
● 水遊び場の上にシートをかけて日陰にする。	● 子どもの表情や発見に注意し、興味をもって関わろうとする姿に共感して声をかける。

食育

- 保育者の「おいしいね」の声かけを聞きながら楽しく食事をする。

反省・評価のポイント

- 子どもの欲求を受け止め、安全に配慮しながら十分に体を動かす活動を設定できたか。
- 玩具の取り合いなどで声を発したときに、気持ちを受け止め、納得して遊べるような声かけはできたか。

8月 個人案 低月齢児・高月齢児

◎ CD-ROM → 📁 0歳児_個人案
→ 📁 p92-p95_8月の個人案（低月齢児・高月齢児）

	低月齢児 Aちゃん 7か月（女児）	低月齢児 Bちゃん 10か月（男児）
前月末の子どもの姿	●腹ばいで過ごす時間が増えた。 ●ずりばいでの移動もするようになった。	●座位で機嫌よく遊ぶ時間が増えた。 ●食事中、眠くなってしまうことがよくあった。
ねらい	✚探索活動を意欲的に行う。	✚落ち着いて食事の時間を楽しむ。
内容	✚腕や足に力を入れ、全身を使って遊ぶ。	✚意欲的に食事をし、しっかり咀しゃくして食べる。
保育者の援助	●玩具などに手を伸ばす姿を見守り、つかめたときには「もてたね」などと声をかけ、意欲がもてるようにする。 ●保育者も一緒に遊びを楽しむようにする。	●「おいしいね」「もぐもぐね」の声かけをする。 ●食事量、スピード、順番など本児のペースを尊重して食事ができるように配慮する。
振り返り	●自ら玩具に手を伸ばし、遊ぶ姿が増えていった。 ●自由に動けるように周囲に障害物がないかを確認し、片づけるなどの配慮をしていく。	●最後まで集中して食べられることもあった。 ●引き続き、落ち着いて食べることができるように席を替えて気分を変えるなど工夫をしていく。

ポイント！保育者の思い

食事は個々のペースですすめられるよう配慮していきましょう。

✝…健やかに伸び伸びと育つ　♥…身近な人と気持ちが通じ合う　♪…身近なものと関わり感性が育つ

高月齢児 Cちゃん 1歳1か月（男児）	高月齢児 Dちゃん 1歳3か月（女児）
♥ つかまり立ちからのつたい歩きが増え、探索活動を楽しんでいた。 ♥ 保育者との遊びのなかで、気持ちが満たされ、遊びを楽しめるようになってきた。	♥ お茶碗飲みやコップ飲みをするようになった。 ♥ 積極的に歩行を楽しむ姿が見られた。
✝♪ さまざまな姿勢で探索活動を楽しむ。	✝♪ 食具に興味をもち、意欲的に食事ができるようにする。
✝ 四つばいでの移動を楽しむほか、つたい歩きで歩くことを楽しむ。	✝♪ スプーンで自ら食材をすくって食べる。
♥ 探索活動を十分に楽しめるように、安全に体を動かして遊べるスペースを確保する。	♥ 保育者も一緒に食べ、食具の使い方を見せたり、「おいしいね」などと声をかけたりして、楽しい雰囲気で食事ができるようにする。
♥ つかまり立ちは長時間になると足で踏ん張る力が弱くなりバランスを崩すことがあった。 ♥ 姿勢が不安的になり、けがをしないように環境を整え見守っていく。	♥ 一緒に手を添えてスプーンですくうことで、少しずつ慣れていった。 ♥ 自分で食べようとする気持ちに寄り添い、楽しく食事ができるようにしていく。

8月 個人案 低月齢児・高月齢児

ポイント！ 保育者の思い
探索活動が活発になってくると、転倒などの危険が出てきます。環境を整え、安全に行えるよう配慮しましょう。

8月 個人案 配慮事項・発達援助別

◎ CD-ROM → ■ 0歳児 _ 個人案
→ ■ p92-p95_8月の個人案（配慮事項・発達援助別）

	気になる子　＋健康・安全 8か月（男児） いつも寝てばかりいる	気になる子　＋健康・安全 10か月（女児） 水遊びを嫌がる
前月末の 子どもの姿	●園で寝ている時間がなかなか短くならず、遊びの時間も短い。	●お風呂は嫌いではないが、園での水遊びを怖がり、不意にぬれると泣いて嫌がる。
ねらい	＋覚醒時と睡眠時とのメリハリをつけ、生活リズムを整える。	＋♪保育者との信頼関係をもとに、安心して水遊びを楽しむ。
内容	＋保育者とのやりとりや体を動かす遊びを楽しむ。 ＋ぐっすり眠り、すっきり目覚める。	＋♪冷たい水の感触に慣れ、水遊びを楽しむ。
保育者の 援助	●目覚めたときは、外の空気にふれるなど、すっきり起きられるようにする。	●小さなたらいに水を入れ、優しく声をかけながら手やほっぺをぬらしてみる。 ●水の温度を調節し、心地よいと感じられるようにする。
振り返り	●起きて遊ぶ時間が増えるにつれ体力がついてきたようで、うとうとする時間が減った。	●ぬれることがわかっていれば、自ら水遊びを楽しめるようになった。
保護者への 配慮事項	●家庭でも子どもの生活リズムを記録してもらい、睡眠時間が長い場合は起こしてもらう。	●家庭でも水遊びの経験を積み重ねてもらうよう伝える。

ポイント！ 保育者の思い

よく眠っているからと寝かせたままにしていても、体力がつかないので、適度な時間に起こしてあげましょう。

感覚の過敏性があると、突然ぬれることに驚く場合があります。安心感のなかで楽しめるよう援助しましょう。

✚…健やかに伸び伸びと育つ　♥…身近な人と気持ちが通じ合う　♪…身近なものと関わり感性が育つ

8月 個人案 配慮事項・発達援助別

発達援助 ✚運動 12か月（女児） 2〜3歩歩けるようになった	発達援助 ✚食事 1歳2か月（男児） 何でも口に入れてしまう
♥つかまり立ちから手を離し、2〜3歩歩く姿が見られた。	♥興味のある玩具を何でも口に運ぶ姿が見られた。
✚安全な環境のなか、自ら歩こうとする。	✚♪さまざまなものに興味を示し、探索行動を楽しむ。
✚つかまり立ちやつたい歩きをし、歩くことを楽しむ。	✚♪安全な環境のなか、興味のある玩具をみつけて遊ぶ。
♥転倒する危険があるため、広いスペースを十分に確保する。 ♥「おいで」などの声かけをすることで、歩こうとする意欲を引き出す。	♥誤飲する可能性のある大きさのものが周囲にないように、環境を整える。 ♥45㎜以下のものは誤飲の可能性があるため、誤飲チェッカーを必要に応じて使用する。
♥名前を呼んだり声かけをしたりすることで、歩行での移動を促すことができた。	♥口にものを入れる姿が見られたときは、無理に止めようとせず、安全かどうかを確認するようにした。
♥転倒しながら歩くことが上手になっていくことを伝え、家庭での安全な環境づくりをお願いする。	♥タバコや電池、輪ゴムなど、家庭にも誤飲による事故の危険性があることを伝え、注意を促す。

歩けたときは一緒に喜び、気持ちを共有します。

発達上、重要な行為なので、危険のないように見守ります。

8月 乳児保育のポイント

保健　睡眠と生活リズムを整えましょう

乳幼児の生活リズム

時刻	3か月ごろ	6か月ごろ	1歳ごろ
6:00	授乳／排便	↓	↓
7:00	睡眠	起床　授乳／排便	起床　授乳・朝食／排便
8:00			
9:00	授乳／排便	睡眠	
10:00	睡眠	離乳食・授乳	
11:00			
12:00	授乳／排便		昼食
13:00	睡眠	授乳／排便	睡眠
14:00		睡眠	↓
15:00	授乳／排便	↓	↓
16:00	睡眠	↓	↓
17:00		離乳食・授乳	
18:00	授乳／排便		夕食
19:00	睡眠		
20:00		授乳／排便	
21:00	授乳／排便	睡眠	睡眠
22:00	睡眠	↓	↓
23:00		↓	↓
0:00	授乳／排便	↓	↓
1:00	睡眠	↓	↓
2:00		↓	↓
3:00	授乳／排便	↓	↓
4:00	睡眠	↓	↓
5:00		↓	↓
	昼夜の区別がなく、睡眠と授乳を繰り返す。	昼夜の区別がつき、夜まとまって寝るようになる。	毎日の生活リズムができてくる。

- 睡眠と授乳の繰り返しだった時期から徐々に睡眠時間が長くなり、生活のリズムが出てくるようになります。離乳食の始まる5〜6か月ごろを目安に、生活のリズムをつくっていくようにしましょう。
- 睡眠のリズムは、胎児期から乳児期に急速に発達し、1歳から2歳にかけてほぼ完成します。

子どもを起こすときはレム睡眠！

睡眠中は、レム睡眠とノンレム睡眠の1セットが交互に現れます。このうちレム睡眠は、活発に脳が働いている浅い眠りで、夢を見たり、眼球運動や寝返りをしたりすることが多いです。この時期の子どもは、1セットが40〜60分間隔なので、大人の90分間隔よりも周期が早く、目が覚めやすいのが特徴です。午睡時の起床は、1セットもしくは2セットを意識することで、レム睡眠中の機嫌のよい寝起きが期待できます。

食　アレルギー児への対応のしかた

園児のアレルギーの有無の確認

入園時に保護者との面談をとおして、アレルギーの有無や対応について把握しておく。職員同士、情報を共有する。

アレルギー除去食を検討

栄養士などの調理担当者と連携し、個別の食事対応をとる。食事の受け渡し方法や、確認方法、おかわり、延長保育時についても検討する。

誤食事故の予防策

年度はじめに除去食対応児と内容を職員全員で確認する。除去食の配膳トレイを色分けする。配膳時に職員同士が声をかけ合う。除去食児の席は定位置に定める。

- アレルギー対策は、園全体で組織的に取り組む必要があります。
- 誤食事故により、医療機関へ搬送しなくてはならなくなるケースもあるため、細心の注意を払わなくてはなりません。

アナフィラキシーとは？

アレルギー反応が複数の臓器にわたって急激に現れる状態です。アナフィラキシーに呼吸器症状が加わると、アナフィラキシーショックという全身症状が出現し、生命の危険に陥る可能性も出てくるため、緊急搬送が必要となります。症状が現れてから30分以内にエピペン（アドレナリン自己注射薬）を投与することが生死を分けるともいわれており、保護者から預かる場合もあります。

遊びと環境

その① 沐浴、水遊び（低月齢）

用意するもの たらい、着替え、タオル

環境のポイント
- 一人ひとりがゆったり遊べる環境を、設定しましょう。
- 安定して座れる水位でぬるま湯を準備し、安全で清潔な道具か確認したりしましょう。
- 水遊びのあと、すぐに着替えや水分補給ができるよう、準備しておきましょう。

活動の内容
- 水や湯にふれ、慣れる。
- 水の感触や心地よさを味わう。

沐浴や水遊びをする

水を見て楽しむ子どももいる

安全について
水位が数センチと低くても、おぼれてしまうことはあります。水遊び中は、絶対に目を離さないようにしましょう。

8月 乳児保育のポイント

その② 水遊び（高月齢）

用意するもの たらい、カップ、バケツ、ひしゃく、スポンジなどの玩具

水遊びをする

繰り返し遊ぶなかで……
- 水に抵抗を示す子どもの人数は減るが、事故に注意する。

活動の内容
- 保育者と一緒に水にふれ、冷たさや感触を楽しみ、気持ちよく過ごす。
- 水をすくったりスポンジを握ったりと、手や指を使った遊びを楽しむ。

環境のポイント
- 水遊び場の上にシートをかけ日陰にしたり、水を事前にくみおき水温調整をしたりしましょう。
- 水遊びのあと、すぐに着替えや水分補給ができるよう、準備しておきましょう。

8月の文例集（低月齢児）

● CD-ROM → 📁 0歳児 _ 季節の文例集→ p98_8月の文例集 _ 低月齢児

前月末の子どもの姿
- 腹ばいや寝返りで身体を動かすことを楽しむ姿が見られた。
- 暑い日が続いていたので、体調を崩して休む子どももいた。

養護のねらい
- 暑さから疲れが出やすくなるため、栄養と休息を十分にとれるようにし、元気で過ごせるようにする。
- 保育者とのふれあいから信頼関係を深め、積極的にコミュニケーションをとれるよう関わる。

健康・安全への配慮
- 夏の暑さで体調を崩しやすくなるため、水分補給や体温調節に気をつける。
- 水遊びをする日は、水温の調節など安全に遊べる環境を整え、事故が起こらないようにする。

ねらい
- ✚離乳食をスタートさせ、食事を楽しむ。
- ♥思いや欲求を喃語やしぐさで受け止めてもらう。
- ♪水にふれ、感触を楽しむ。

内容
- ✚保育者の介助のもと、少しずつさまざまな食材に挑戦する。
- ♥保育者の語りかける言葉にこたえたり、してほしいことをしぐさで表したりする。
- ♪体調に合わせて無理なく沐浴や水遊びを楽しむ。

環境構成
- 家庭での離乳食の状況を保護者とよく確認し、園では一度食べたことのある食材のみ口にするようにする。
- 何か伝えようとする様子が見られたら、目と目を合わせ、気持ちをくみとろうとする態度で接する。
- 子どもの体調を見ながら水に入る、水を見るだけなど活動を選択できるようにする。

保育者との関わりと配慮事項
- 機嫌のよい日に離乳食をすすめていくようにする。
- 子どもの発した喃語を保育者がそのまままねすることで、話す楽しさを味わえるようにする。
- 熱中症や脱水症状を防ぐため、体調の変化にすぐに気がつくよう目配りする。

職員との連携
- 夏の感染症が増える時期なので、職員の手洗いを徹底し、流行しないように対策をとる。

家庭・地域との連携
- 離乳食を始めるときは、園で提供する離乳食の形状を実際に見てもらい、家庭と協力してすすめていけるようにする。
- アレルギー対策のため、家庭で食べたメニューや食材についてこまめに確認する。

食育
- もぐもぐと口を動かして離乳食を食べる。

✚…健やかに伸び伸びと育つ　♥…身近な人と気持ちが通じ合う　♪…身近なものと関わり感性が育つ

8月の文例集 (高月齢児)

● CD-ROM → 📁 0歳児_季節の文例集→ p99_8月の文例集_高月齢児

前月末の子どもの姿
- 水遊びを怖がっていた子も、まわりの子の気持ちよさそうにしている様子を見て、徐々に興味を示すようになった。
- 保護者の夏休みや体調を崩したなどで、長期の休みをとる子がいた。

養護のねらい
- 自由に動きまわる楽しさを知り、安心して探索範囲を広げていけるようにする。
- 食事と睡眠をしっかりととり、夏の暑さに負けず健康に過ごせるようにする。

健康・安全への配慮

- 水遊び中の転倒事故が起きないように、一人ひとりの動きをそばで見守る。
- 感染症の早期発見を心がける。

ねらい
- ✚ 暑い夏を清潔で心地よく過ごす。
- ✚ 睡眠のリズムを整える。
- ♪ 水の感触や冷たさを楽しむ。

内容
- ✚ 汗をかいたら着替えさせてもらったり、シャワーを浴びたりして快適に過ごす。
- ✚ 園での生活リズムが整い、午睡をしっかりとる。
- ♪ 保育者と一緒に、水遊びや沐浴を安全に楽しむ。

環境構成
- 気温が上がる日は、保育室の温度や湿度に気をつける。
- 安心して眠れるよう、室内の明るさや周囲の音に目配りする。
- じょうろやスポンジなど、水遊びが楽しくなる用具を用意する。

保育者との関わりと配慮事項
- 機嫌の悪い様子が見られたら、体調を崩していないかどうか体温を測るなどして確認する。
- 睡眠のペースは個々で異なるので、一人ひとりの状況に十分配慮する。
- 用具に興味をもてるように、保育者が実際に使ってみて、楽しく遊ぶ雰囲気を伝える。

職員との連携

- 各クラスのプール使用時間について担当者が話し合い、職員全体で共有する。

家庭・地域との連携

- 汗をかいたり、水遊びで着替えが必要になったりするため、衣服を多めに用意することをお願いする。
- 感染症の流行予防のため、体調面で気になることがあれば、すぐに伝えてもらう。

食育

- こぼしながらも、自らスプーンで食材をすくって口に運ぶ。

✚…健やかに伸び伸びと育つ　♥…身近な人と気持ちが通じ合う　♪…身近なものと関わり感性が育つ

9月 月案・低月齢児

CD-ROM → ■ 0歳児_月案
→ ■ p100-p103_9月の月案（低月齢児）

9月　低月齢児　月案　いちごぐみ
担任：A先生

今月の保育のポイント

夏の暑さが少し弱まり、気温が変化するのにともなって、体調を崩しやすい時期です。一人ひとりの体調の変化に留意するとともに、活発に動くようになってきた子どもの欲求を受け止め、戸外活動など十分に満足できるような遊びを取り入れていきましょう。

前月末の子どもの姿

- 水遊びを楽しみ、全身で水を浴びることを喜ぶ子も多く見られた。
- 意欲的にはいはいやつかまり立ちをする一方で、転倒しやすい子も多くいた。

	ねらい	内容
健やかに伸び伸びと育つ	● 安定して過ごせるよう生活リズムを整える。 ● 活動範囲を広げながら、体を動かすことを楽しむ。	● 自ら食材をつかんで、意欲的に食事をする。 ● 安心のなかで十分に眠る。 ● 寝返り、ずりばい、高ばい、安定した座位など、個々の運動機能を使って全身で遊ぶ。
身近な人と気持ちが通じ合う	● 保育者と「いないいないばあ」遊びを楽しむ。	● いないいないばあを楽しみ、保育者のまねをしたり、やりとりをしたりして楽しむ。
身近なものと関わり感性が育つ	● 戸外にあるさまざまなものに興味をもつ。	● 外気や自然物にふれ、探索活動を楽しむ。

職員との連携

- 気温の変化から体調を崩しやすくなるため、保育者同士でもかぜなどの予防対策をしていく。
- つかまり立ちをする子が増えてくるので、子ども一人ひとりの発達状況を職員間で共有し、適切な援助ができるようにする。

家庭・地域との連携

- 季節の変わり目のため、天候や気温の変化に考慮して衣服の用意をお願いする。
- 夏の疲れが出やすい時期のため、子どもの様子や体調を確認し合い、健康管理に十分留意する。

※乳児保育の場合、特に養護と保育内容は一体的に展開されるものですので、
　ねらいと内容を設定するときには養護の要素も含めて考えることが大切です。

養護のねらい

- 姿勢を変えたり、移動したりするなど、さまざまな身体活動を十分に行えるようにする。
- 遊びや活動が活発になり、食事量や睡眠時間が安定しやすくなるため、一定のリズムになるように生活を整えていく。

健康・安全への配慮

- 季節の変わり目で、夏の疲れが出てくるため、子どもの体調の変化を見逃さないよう留意する。
- 活動や気温の変化に応じて衣服や空調の調節をし、快適に過ごせるように配慮する。

行事

- 防災訓練
- 身体測定
- 誕生会
- 敬老の日

9月　月案・低月齢児

環境構成	保育者の関わりと配慮事項
● つかみやすいように、少量ずつ介助皿にのせる。 ● 心地よく眠れるように、布団のかけ具合を調節するなど配慮する。 ● 移動したり、上り下りを楽しんだりできるよう、廊下にマットで傾斜や段差をつくる。	● 上手に口に運べたときは一緒に喜び、「上手に食べられたね」とほめて自信につなげる。 ● 睡眠が浅く夕方ぐずるときは、特定の保育者がそばについて背中をなでるなどていねいに対応する。 ● 低月齢児もつかまり立ちをする子が増えてくる時期だが、まだまだ不安定なため、転倒してけがをしないように保育者がそばで見守る。
● ガーゼハンカチを用意しておき、手で顔を隠すだけでなく、ハンカチを使ったやりとりでも遊べるようにする。	● いないいないばあを始めると、遊びたくて近づいてくる子どももいる。子どもが求めているときは、なるべく1対1で関わりを深めるようにする。
● 戸外で座位や腹ばいの子どもも自然物にふれられるように、レジャーシートを用意する。	● 場所見知りをして不安な様子を見せているときには、優しく声をかけたり、抱っこしたりするなどして、そばに一緒にいることで安心して活動ができるようにする。

食育

- 落ち着いた雰囲気のなか、食材に興味をもち、積極的に食事をする。

☑ 反省・評価のポイント

- 「行ってみたい」「やってみたい」と活動を促したくなるような環境づくりはできたか。
- 活動範囲が広がったことによるけがを、未然に防げる環境づくりができたか。

9月 月案・高月齢児

CD-ROM → 0歳児_月案
→ p100-p103_9月の月案（高月齢児）

9月　高月齢児　月案　いちごぐみ
担任：B先生

今月の保育のポイント

気温の変化から、鼻水や咳などが出てくる子どもが増えるため、かぜをはやらせないような対策をとりましょう。また、保育者や他児の様子が気になり、関わりをもとうとする場面が多く見られる時期です。子ども同士のトラブルがないように注意深く見守りましょう。

前月末の子どもの姿

- 他児に興味をもち、その子のしていた遊びをまねてみようとする姿が見られた。
- 喃語のほかにも、単語を発する機会が増えてきた。

	ねらい	内容
健やかに伸び伸びと育つ	・食事への意欲が増し、睡眠もしっかりとれ、安定したリズムで過ごす。 ・全身を使って遊び、体を動かすことを楽しむ。	・汁碗やコップを自分でもって飲むことに興味をもつ。 ・落ち着いた雰囲気のなか、気持ちよく午睡する。 ・マットでつくった山の上をはったり、トンネルをくぐったりして遊ぶ。
身近な人と気持ちが通じ合う	・保育者との関わりで、喃語や一語文を発することを楽しむ。	・保育者とままごと遊びをしながら、喃語や意味のある言葉を発する。
身近なものと関わり感性が育つ	・靴を履いて歩行することに慣れ、園庭での活動を楽しむ。	・靴を履いて園庭に出て、自然や遊具などに近づいてふれることを楽しむ。

職員との連携

- 一人ひとりの離乳食の進み具合を調理員と確認し、共有する。
- 活動量が増えてくるため、転んでけがをしないように、環境設定を変えるなど、保育者間で連携して未然に防ぐ策をとる。

家庭・地域との連携

- 天候や気温の変化に合わせやすい衣服（長そでの服など）の用意をお願いする。
- 夏の疲れが出やすい時期のため、子どもの様子や体調を確認し合い、健康管理に十分留意する。

※乳児保育の場合、特に養護と保育内容は一体的に展開されるものですので、ねらいと内容を設定するときには養護の要素も含めて考えることが大切です。

9月 月案・高月齢児

 養護のねらい
- 生活リズムが安定し、1日を落ち着いて過ごせるようにする。
- 暑さが残る時期なので、室温の調整に留意し、快適に過ごせるようにする。

 健康・安全への配慮
- 夏の疲れが出てきやすいので、日々の表情や体調の変化に注意して見守る。
- 歩行できる子どもが増えてきたため、シャワーなどでは滑って転ばないよう必ずそばにつく。

 行事
- 防災訓練
- 身体測定
- 誕生会
- 敬老の日

環境構成	保育者の関わりと配慮事項
● 汁碗やコップをもてるように保育者が手を添える。	● 自分でしたい気持ちを受け止め、一緒に手を添えるなど必要な援助をする。
● 午睡がしっかりとれるよう、室内の温度や湿度を調整し、タオルなどを体にかける。 ● 遊ぶための十分なスペースを確保し、マットを用意して、山やトンネルなどをつくる。	● 活動で高ぶった気持ちが落ち着き、スムーズに入眠できるよう、優しく声かけをする。 ● 転倒してけがをしないよう、さまざまな位置から注意深く見守る。
● 保育者が空の器をもって食べるまねや飲むまねをし、ままごと遊びをして見せる。	● 発語につながるように、積極的に「どうぞ」「おいしい」などの言葉がけを行う。
● 靴を履くときは保育者がそばにつき、さりげなく援助する。 ● 園庭に子どもたちの歩行をさまたげる障害物がないことを確認しておく。	● 「木が風でゆらゆらしてるね」など、体で感じるさまざまなことを保育者が言葉にし、興味をもてるよう関わる。

 食育
- 食器に手を添えて食べたり、食具で自ら食べようとしたりするなど、意欲的に食事をする。

 反省・評価のポイント
- 発語につながるように、意識して子どもとやりとりをすることができたか。
- 靴を履いて園庭で遊ぶことの楽しさを伝えることができたか。

9月 個人案 低月齢児・高月齢児

CD-ROM → 0歳児_個人案
→ p104-p107_9月の個人案（低月齢児・高月齢児）

	低月齢児 Aちゃん 8か月（女児）	低月齢児 Bちゃん 11か月（男児）
前月末の子どもの姿	● ミルク後、うつぶせや座位のときに吐乳することが多かった。 ● 食事中、眠くなり最後まで集中して食べ終えることが少なかった。	● 玩具をみつけたり、言葉がけに反応したりして、四つばいで移動するようになった。 ● 腹ばいの姿勢を長時間保てるようになった。
ねらい	✚ 意欲的に食事する。	✚♪ 意欲的に玩具や人、場所など、さまざまな環境に関わる。
内容	✚ 中期食の形態に慣れ、お茶碗飲みをしようとする。	✚ 座位だけでなく、さまざまな姿勢で体を動かして遊ぶ。 ♪ 段差のある場所での移動を楽しむ。
保育者の援助	● 楽しい雰囲気のなかで食事ができるように配慮する。	● 興味のある玩具やマットなどを用いて、四つばいを促す。 ● さまざまな体勢で楽しめるよう、声かけを行い、玩具で遊びに誘う。
振り返り	● 食事中、座っていると疲れや飽きから泣くことが多くあった。 ● ペースを尊重し、無理はせず楽しく食べられるようにていねいに関わっていく。	● 保育者も一緒に遊び、楽しさに共感するようにした。 ● 障害物があってすすめず泣いて訴えていたため、十分に動けるようスペースを確保していく。

ポイント！保育者の思い

まずは食べることの意欲をもてるよう、食事の時間を楽しい雰囲気にすることが大切です。

✚…健やかに伸び伸びと育つ　♥…身近な人と気持ちが通じ合う　♪…身近なものと関わり感性が育つ

高月齢児 Cちゃん 1歳2か月（男児）	高月齢児 Dちゃん 1歳4か月（女児）
● 保育者の言葉がけに笑うことが多くなった。 ● 他児に興味を示し、近づくことが増えた。	● 歩行が増え、転倒することも多いが、歩くことを楽しむ姿が見られた。 ● 遊びや生活の場面で、嫌なことへの主張がはっきりとしてきた。
♥生活や遊びの場面で、気持ちを喃語やしぐさで伝える。	✚♪遊びや散歩をとおして体をよく動かす。
♥一語文を発し、保育者とのやりとりを楽しむ。	✚♪自然や小動物、遊具などに自ら興味をもって近づき、戸外での活動を楽しむ。
● 要求や欲求を受け止め、言葉に置き換えることで、わかってもらえた喜びを感じられるようにする。	● 歩行での転倒に気をつけ、危険のないよう目配りする。
● 身振りや表情、一語文で欲求を伝えようとしていた。 ● 気持ちをくみとり、言葉にしながら、関わるようにしていく。	● 段差のあるところを好み、上り下りを何度も繰り返し楽しんでいた。 ● 安心して遊びこめるように、保育者がそばについて見守っていく。

ポイント！保育者の思い

一人ひとりの興味ややりたいという気持ちに寄り添い、関わっていきましょう。

9月　個人案　低月齢児・高月齢児

9月 個人案 配慮事項・発達援助別

◎ CD-ROM → 📁 0歳児_個人案
→ 📁 p104-p107_9月の個人案（配慮事項・発達援助別）

	気になる子 ♥人間関係 8か月（女児） 後追いしない	発達援助 ✚健康・安全 10か月（男児） 途中入園
前月末の 子どもの姿	●保護者から、「困ったことがあるときは親を求めるが、親の姿が見えなくなっても淡々として気にしていない」と相談が寄せられた。	●母親と別れるときに、泣いてしまう姿が見られた。 ●保育者に抱っこされても、泣き続けていた。
ねらい	♥人への関心を高め、重要な他者との愛着関係を深める。	✚新しい環境に慣れ、安心して生活する。
内容	♥スキンシップややりとり遊びをとおして、他者とのコミュニケーションの楽しさを感じる。	✚安心できる環境下で一定量の食事や、十分な睡眠をとる。
保育者の 援助	●好きな遊びをしているときに、さりげなく加わり、やりとり遊びを楽しむ。 ●いないいないばあや、追いかけっこなど、反応を見て楽しむ遊びを行う。	●特定の保育者が関わることで、信頼関係を築き、安心できる環境をつくる。 ●様子を見ながら慣らし保育をすすめることで、無理のない園生活をスタートさせる。
振り返り	●ずりばいで追いかけっこなどを楽しむ様子が見られた。	●午睡ができず、保育者のおんぶから布団に下ろすとすぐに目が覚めて泣いてしまった。 ●食事は時間をかけることで、少しずつ食べられるようになった。
保護者への 配慮事項	●後追いしないと愛着がない、ということではないので、親子ともに楽しいと感じる経験を一緒に積み重ねてもらう。	●園での生活にも生かせるように、家庭での食事のとり方や入眠のしかたをよく聞いておく。

ポイント! 保育者の思い

後追いさせることが目標ではありません。人との関わりは楽しいものであるという経験をたくさん積み重ねましょう。

特定の保育者が関わり安心できる環境をつくります。

✚ …健やかに伸び伸びと育つ　♥…身近な人と気持ちが通じ合う　♪…身近なものと関わり感性が育つ

気になる子　運動	発達援助　♥人間関係
11か月（男児） うつぶせになるのを嫌がる	1歳3か月（女児） 友だちに興味をもっている
◉寝返りはするが、すぐにあおむけに戻ってしまい、うつぶせ姿勢のままでいるのを嫌がる。	◉他児のしている遊びをじっと見つめる姿が見られた。
✚うつぶせ姿勢に慣れる。	♥友だちと一緒に遊ぶ楽しさを感じる。
✚うつぶせ姿勢で周囲を見回したり、近くのものに手を伸ばしたりして、遊ぶ楽しさを感じる。	♥友だちと戸外での遊びを楽しむ。
◉うつぶせ姿勢でまわりに玩具を置いて遊ばせ、少しずつ姿勢に慣れさせる。 ◉保育者があおむけで寝転び、腹の上に子どもを乗せて遊ぶ。	◉戸外に出かけたときに、他児と遊べるように、保育者と追いかけっこをする。 ◉他児との関わり方がわかるように、「一緒に遊ぼうね」などと声かけをする。
◉うつぶせ姿勢のまま遊ぶ楽しさに気づき、少しずつ姿勢にも慣れてきた。	◉歩行が安定してきたことで、戸外での遊びも楽しめるようになった。 ◉追いかけっこをとおして、一緒に遊ぶ楽しさを体験できた。
◉うつぶせに慣れないうちは泣いてしまうが、すぐにあおむけに戻さず、玩具で気を引いて遊んでもらうようにお願いする。	◉友だちの存在を意識し始め、関わるようになってきたことを伝える。

9月 個人案・配慮事項・発達援助別

 体の発達の遅れや、筋緊張の弱さから、体を反らす姿勢がしんどい場合があります。少しずつ慣れていけるよう配慮しましょう。

 保育者や友だちと一緒に遊ぶことが楽しいとわかるように積極的に声をかけます。

9月 乳児保育のポイント

保健　予防接種の知識

定期接種
- B型肝炎（不活性化ワクチン）※
- ヒブ（不活性化ワクチン）※
- 小児用肺炎球菌（不活性化ワクチン）※
- 四種混合（DPT-IPV／三種混合・ポリオ）（不活性化ワクチン）※
- BCG（生ワクチン）
- MR（麻疹風疹混合）（生ワクチン）
- 水痘（みずぼうそう）（生ワクチン）
- 日本脳炎（不活性化ワクチン）
- HPV（ヒトパピローマウイルス）（不活性化ワクチン）

任意接種
- ロタウイルス（生ワクチン）※
- おたふくかぜ（生ワクチン）
- インフルエンザ（不活性化ワクチン）
- A型肝炎（不活性化ワクチン）
- 髄膜炎菌（不活性化ワクチン）

- 保護者は、就業しながら多くの予防接種に対応するため、スケジュール管理等に協力しましょう。
- 生後2か月から予防接種が始まります。まずは、母体免疫が低下する生後5〜6か月までに、必要な接種回数（左記※）が終わっているか確認しましょう。
- 保育園は集団で生活する場所ですから、個人の予防はもちろんのこと、感染症がまん延することを防がなければなりません。

ワクチンの種類とは？

【生ワクチン】ウイルスや細菌の力を弱くしたもの。自然感染に近いので、免疫の持続時間が長い。接種後4週間は他の予防接種不可。

【不活性化ワクチン】ウイルスや細菌の増殖感染力をなくしたもの。生ワクチンよりも免疫のつき方は弱い。接種後1週間は他の予防接種不可。

予防接種を受けたら、連絡をもらう

定期的な接種が義務づけられているため、予防接種を受けた場合は何の予防接種を受けたか、その都度、報告してもらうようにし、記録表に記しておきます。接種後は、不活性ワクチンで48時間以内、生ワクチンでは数日以上経ってから副反応が出る場合もあります。発熱や発疹などの症状が出ないか、園でも体調の変化に注意することが大切です。

食　離乳の準備をしましょう
4〜5か月

【生活リズム】
離乳食を始めるためには、1日のリズムが整っていることも大切です。睡眠やミルクの授乳感覚のリズムをつくっていきましょう。

【哺乳反射消失の確認】
食物摂取への移行には、哺乳に関連した原始反射の消失が必要です。口の動きが活発になって、食物に対する食べたそうなしぐさなどが目安となります。保育者の清潔な小指を口に入れて、吸うてつ反射の出現程度を見ましょう。

【口を使った遊びが大切】
指しゃぶりや、おもちゃかみなど、口を使った遊びが安全にできるように促し、見守りましょう。

- 生まれたばかりの赤ちゃんは、母乳やミルクで必要な栄養をとっていますが、それだけでは栄養が不足してきます。
- タンパク質やビタミン類、鉄など無機質の栄養素は、食事をすることで取り込んでいかなければいけませんが、大人のように固形物をかみ、飲みこむということはできません。
- 食事で栄養をとるために、食べ物を口に入れる、かむ、飲みこむという食べるために必要な機能をゆっくりと身につける期間が必要なのです。

遊びと環境

その① いないいないばあ遊び（低月齢）

用意するもの ガーゼハンカチ、シフォンスカーフ

環境のポイント
- 顔を手で隠すだけでなく、ハンカチを使ったやりとりをしましょう。
- 寝ている子どもの上に、保育者がガーゼハンカチを優しくおき「ばあ」と言いながら取りましょう。子どもはその動作を期待し待っているので、タイムリーに応答しましょう。

活動の内容
- 保育者と、いないいないばあのやりとりを楽しむ。
- 自分でハンカチをとったりのせたりすることを楽しみながら、手指の発達を促す。

いないいないばあ遊びをする

繰り返し遊ぶなかで……
- ときには違う素材のハンカチを用意し、子どもが興味を示す色や材質のハンカチがあったら、その用い方を工夫し、遊びにメリハリをつける。

9月 乳児保育のポイント

その② マットの山とトンネルで遊ぶ（高月齢）

用意するもの マット、巧技台、大型積み木

活動の内容
- 山の上をはったり、トンネルをくぐったりすることを楽しむ。
- 不安定な状態で、試行錯誤して身体を動かし、体勢を立て直す動きを体験する。

手づくりの山とトンネルで遊ぶ

発達を促すために……
- 山の高さを変化させたり、山の形を変えたりし、身体を十分に動かして遊べるようにする。

環境のポイント
- 登りたい気持ちを満たせるよう、適切な高さの山にしましょう。
- はったり立ったりするので、周囲に危険がないよう、広めのスペースを確保しましょう。床に玩具が落ちていないか、確認しましょう。

9月の文例集（低月齢児）

● CD-ROM → 📁 0歳児＿季節の文例集→p110_9月の文例集＿低月齢児

前月末の子どもの姿
- 体の動きが活発になり、ずりばいや四つばいを盛んに行っていた。
- 人見知りが強くなり、あまり会わない他児の保護者を見て泣いてしまう姿が見られた。

養護のねらい
- 後追いや人見知りは特定の保育者との愛着関係が築かれている証なので、引き続き欲求や思いをしっかりと受け止め情緒の安定をはかる。
- 行動範囲が広がる時期なので、安全に過ごせるようにそばで見守り、活発な活動を促せるよう援助する。

健康・安全への配慮
- 暑い日がまだまだ続くので、保育室や玩具を消毒するなどして清潔に保ち、感染症の予防に努める。
- 戸外での活動では、砂や石などの誤飲がないように留意して見守る。

ねらい
- ✚夏から秋へと変化していくなか、快適に生活する。
- ♥保育者との遊びや関わりを喜ぶ。
- ♪身のまわりのものに興味をもち、ふれてみようとする。

内容
- ✚おむつをこまめに交換し、汗をかいたら着替えをすることで、清潔に過ごす気持ちよさを味わう。
- ♥保育者の声かけに対して、よく笑ったり反復喃語でこたえたりする。
- ♪ふれてみたいと思う玩具に手を伸ばしたり、ずりばいで移動して手に取ったりして遊ぶ。

環境構成
- 気温の変化に留意し、汗をかいて不快な様子を見せているときは、すぐに衣服を交換して清潔を保つ。
- 子どもの発した喃語には、表情豊かに反応することで楽しい雰囲気をつくる。
- 一人ひとりが自分の好きな玩具で遊べるように、十分な数の玩具を用意しておく。

保育者との関わりと配慮事項
- おむつ交換や着替えをしたときは「気持ちがいいね」と声かけをし、清潔にすることが気持ちのよいことだと伝える。
- 愛着関係を築けるように、スキンシップをこまめにとる。
- 誤飲や転倒の危険があるため、すぐに手が届く場所で見守る。

職員との連携
- 一人ひとりの子どもが、今どんな遊びに興味をもっているかを職員間で共有し、育ちの援助ができるようにする。

家庭・地域との連携
- 気温が下がる日も出てくるので、体調の変化を見逃さないように、食事や睡眠の状況を連絡ノートを通じて細かく伝え合う。

食育
- 指で食材をつまんで口に運ぶ。

✚…健やかに伸び伸びと育つ　♥…身近な人と気持ちが通じ合う　♪…身近なものと関わり感性が育つ

9月の文例集（高月齢児）

● CD-ROM → 📁 0歳児 _ 季節の文例集 → p111_9月の文例集 _ 高月齢児

前月末の子どもの姿
- 活発に動きまわるようになり、他児とぶつかりそうになることがあった。
- 睡眠のリズムが安定し、午睡の1回のみ眠る子が増えた。

養護のねらい
- 食事や睡眠をしっかりととり、生理的な欲求が満たされたなかで生活できるようにする。
- 安心感や満足感のなかで保育者や他児と関わることを楽しめるようにする。

健康・安全への配慮
- 夏の疲れが出る時期なので、無理のない活動内容を設定し、必要な休息をしっかりととれるようにする。
- 子どもたちの動きが活発になるので配置や導線を今一度見直す。

ねらい
- ✚ 十分に体を動かすことを楽しむ。
- ♥ 遊びをとおして他児と過ごす。
- ♪ 手指を使った遊びを楽しむ。

内容
- ✚ 園庭を歩いたり、段差の昇り降りをしたりして全身を十分に動かす。
- ♥ 保育者と一緒に、他児と同じ場で同じ遊びをする。
- ♪ シール貼りや、クレヨンでのお絵描きを楽しむ。

環境構成
- 巧技台を用意し、体を十分に動かせる環境を整える。
- 他児を叩くなどのトラブルが起こらないようにそばで注意して見守る。
- シールやクレヨンを用意し、集中して遊びに取り組めるコーナーをつくる。

保育者との関わりと配慮事項
- 歩き始めは転倒することが多いので、不安定なところで歩行をしないように見守る。
- 他児の存在に気がつけるように、名前を呼んだり、それぞれの気持ちを言葉にして表し、声をかける。
- 「上手にできたね」「きれいだね」などと声をかけ、楽しさを共有する。

職員との連携
- 他児との関わり合いのなかで玩具の取り合いなどのトラブルも出てくるため、大きな事故につながらないように対応を確認し合う。

家庭・地域との連携
- 子どもの生活リズムが整うように、食事量や睡眠時間をくわしく伝え合う。
- 運動会についてお知らせをし、参加を呼びかける。

食育
- 一人ひとりが自分に合わせた適切な分量の食材を自分で口に運び、よくかんで食べる。

✚…健やかに伸び伸びと育つ　♥…身近な人と気持ちが通じ合う　♪…身近なものと関わり感性が育つ

10月 月案・低月齢児

CD-ROM → ■0歳児_月案
→ ■p112-p115_10月の月案（低月齢児）

10月　低月齢児　月案　いちごぐみ
担任：A先生

今月の保育のポイント

気温の変化が激しく、鼻水の出る子や軟便になる子が出てくることが予想されます。子ども一人ひとりを視診し、検温や衣服の調節で快適に過ごせるようにしましょう。また、運動機能が発達し、つかまり立ちをする子が増えますが、倒れこんでけがをしないように気をつけて見守りましょう。

前月末の子どもの姿

- つかまり立ちをする子が増えたが、転倒し、けがをすることがあった。
- 戸外活動では、場所見知りをして不安そうな表情を見せる子もいたが、時折吹く風を気持ちよさそうに感じているような子もいた。

	ねらい	内容
健やかに伸び伸びと育つ	● 生活リズムを整え、安定して過ごす。 ● 自らすすんで移動しようとする。	● 食事に意欲的で、よく口を動かして食べる。 ● しっかりと午睡をとる。 ● ずりばいや四つばい、つたい歩きなどで移動する。
身近な人と気持ちが通じ合う	● 保育者とのふれあい遊びを楽しむ。	● 喃語の種類が増え、保育者との関わりをとおして、喃語を盛んに発することを楽しむ。
身近なものと関わり感性が育つ	● 玩具の感触や音を楽しむ。	● オーボールや風船、音が鳴る玩具にふれたり転がしたりすることで、感触や音を楽しむ。

職員との連携

- 行動範囲が広がるので危険な場所がないか、職員同士で確認する。
- 運動会の際の職員の分担について確認し合い、当日スムーズに進行できるよう協力する。

家庭・地域との連携

- 子どもの食欲や体調の変化、新しく食べるようになった食材などをしっかり伝え合う。
- 運動会の詳細や親子競技の内容を知らせ、運動会に期待をもって参加できるよう配慮する。

※乳児保育の場合、特に養護と保育内容は一体的に展開されるものですので、ねらいと内容を設定するときには養護の要素も含めて考えることが大切です。

10月 月案・低月齢児

養護のねらい
- 一人ひとりの生活リズムに配慮し、安心して過ごせるようにする。
- 喃語にていねいに応じることで、保育者とのやりとりを楽しめるようにする。

健康・安全への配慮
- 気温の変化が激しく、鼻水が出たり軟便になったりする子が増えてくるので、個々の体調をこまめに確認する。
- 衣服の調節、室内の温度や湿度の管理に気を配って快適に過ごせるようにする。

行事
- 運動会
- 身体測定
- 誕生会
- 避難訓練
- ハロウィン

環境構成	保育者の関わりと配慮事項
・食材を咀しゃくしやすい大きさや量にして皿にのせる。 ・探索活動などとは少し離れたところに、午睡用に静かで落ち着いたスペースを確保する。 ・ずりばいや四つばい、つたい歩きを促すため、子どもが気に入っている玩具やマットなどを用意する。	・保育者もともに食事を楽しむ。 ・個々の様子を見て、午前の活動時間を延ばしていく。 ・個々の発達に合わせた活動や玩具を取り入れていくとともに、環境を整えてけがのないように見守る。
・子どもが発した言葉に優しく、ていねいに応答することで、話したいと思える雰囲気をつくる。	・気になったものをみつけたり、遊びのなかで語りかけたりしてきたときは、「ほんとだね」「なんだろうね」など、ていねいに応答する。
・玩具は定期的に消毒して清潔に保つ。 ・視野が広げられるよう、玩具をつかまり立ちしたときに手にとれる高さのところに置く。	・遊びの様子を見ながら子どもの正面にボールを転がすなどして、ふれやすいようにする。

食育
- 手づかみ食べで意欲的に食事を楽しむ。

反省・評価のポイント
- 安定した生活リズムのなかで、安全に楽しく探索活動を広げることはできたか。
- 子どもの発語に対して温かく受容したり、ていねいに応答することができたか。

10月 月案・高月齢児

◎ CD-ROM → ■ 0歳児_月案
→ ■ p112-p115_10月の月案（高月齢児）

10月　高月齢児　月案　いちごぐみ

担任：B先生

今月の保育のポイント

季節が変わり、過ごしやすい日が多くなります。園庭に出たり、園近くの公園に出かけたりして自然に接する機会を増やしましょう。一方で、寒暖差が激しくなる時期でもあるので、体調を崩す子どもが出ないように、視診や検温をこまめに行い対応していくことが大切です。

前月末の子どもの姿

- 歩行が安定し、靴を履いて園庭に出て遊ぶことを楽しんだ。
- ままごと遊びなど、保育者とのやりとりを楽しむ姿が見られた。
- 他児への接し方がわからず、引っ張ったり、叩いたりすることがあった。

	ねらい	内容
健やかに伸び伸びと育つ	● 食事の内容に慣れ、自分で食べる喜びを味わう。 ● 意欲的に歩行しようとする。	● 一口分の量を口に入れ、よくかんで食べる。 ● 自ら食具ですくって食べようとする。 ● 手押し車を押して、全身を使って移動することを楽しむ。
身近な人と気持ちが通じ合う	● 保育者や他児と関わりをもち、やりとりのなかで充実感を感じる。	● 喃語やスキンシップなどで、保育者とのやりとりを楽しむ。 ● 他児の遊ぶ姿を見て興味を示し、関わりをもとうとする。
身近なものと関わり感性が育つ	● 自然物に興味をもち、感触を楽しむ。	● どんぐりを拾ったり、落ち葉をちぎったりして、自然物に興味をもつ。

職員との連携

- 戸外活動では、行動範囲が広がり活発になるので、保育者同士で配置を確認し、声をかけ合い安全に十分注意する。
- 運動会の際の職員の分担について、確認する。

家庭・地域との連携

- 園での食事の様子を伝え、家庭での困りごとがないか保護者に確認する。
- 運動会の詳細や親子競技の内容を伝え、運動会に楽しく参加してもらえるよう配慮する。

※乳児保育の場合、特に養護と保育内容は一体的に展開されるものですので、ねらいと内容を設定するときには養護の要素も含めて考えることが大切です。

10月 月案・高月齢児

 養護のねらい
- 安定した気持ちで落ち着いて過ごせるよう、子どもの欲求や気持ちに寄り添う。
- 健康的に過ごせるよう、一人ひとりの体調をこまめに確認する。異変があれば早めに対応する。

 健康・安全への配慮
- 鼻水が出たら肌が荒れないように優しく拭きとる。
- 下痢や嘔吐が起きたときの処置方法を確認しておき、適切に対処できるようにする。

 行事
- 運動会
- 身体測定
- 誕生会
- 避難訓練
- ハロウィン

環境構成	保育者の関わりと配慮事項
● 口に詰めこみすぎないように食材を一口大にしておく。 ● 子どもが食べたい食材を食具にのせたら、保育者がその手を上から軽く握り、口まで運ぶ動作を手伝う。 ● 手押し車同士がぶつからないように、十分な広さの場所で行う。	● 手づかみで口に詰めこみがちなときは、「もぐもぐね」などの声かけをし、保育者も一緒に食べる様子を示す。 ● うまくできたときは、「上手ね」などの声かけをしながら見守る。 ● 一人ひとりの歩行の発達状況について把握し、適切に援助できるようにする。
●「ちょうだい」「どうぞ」などのやりとり遊びや、動物のまねっこ遊びを楽しめるように、必要な玩具や絵本を用意する。 ● 他児への身体接触があるため、保育者が間に入って関わり方をていねいに伝えて見守り、一緒に遊べる環境をつくる。	● やりとり遊びの楽しさが感じられるように、指を差したものを言葉にして伝える。 ● 他児が使っている玩具が気になったときは、保育者が「貸して」と言い、身振りも添えながら、子どもの気持ちを言葉にし、他児と関われるように配慮する。
● どんぐりをお碗に入れてままごと遊びに展開していけるよう、ままごと用のお碗やスプーンを用意しておく。	● 誤飲や切り傷を負わないように注意しながら見守る。 ●「かわいいどんぐりだね」「きれいな落ち葉！」などと、子どもたちのみつけた自然物に興味を示し共感することで、子どもたちが自信をもてるようにする。

食育
- 保育者と一緒に食事をし、「おいしいね」などの声かけによって、さまざまな食材を口にする。

反省・評価のポイント
- 身体機能が発達し、活動範囲が広がるなか、子どもの意欲を安全に満たせる環境づくりができたか。
- 他児との関わりがもてるよう、間に入って子ども同士のやりとりを促せたか。

10月 個人案 低月齢児・高月齢児

CD-ROM → 0歳児 _ 個人案
→ p116-p119_10月の個人案（低月齢児・高月齢児）

	低月齢児 Aちゃん 9か月（女児）	低月齢児 Bちゃん 12か月（男児）
前月末の 子どもの姿	●まだ声を発することは少ないが、表情が豊かになってきた。 ●腹ばいで上体を上げたままでいたり、後ろにすすんだりすることが増えた。	●バランスを崩すこともあるが、盛んにつかまり立ちをするようになった。 ●食材に興味をもち、手で口に入れてみようとする姿が見られた。
ねらい	♪探索活動によって興味・関心が広がる。	✚後期食の形態に慣れ、手を伸ばし、手づかみで食べる。
内容	✚座位が安定し、ずりばいや腹ばいでの探索活動を楽しむ。	✚食材に自ら手を伸ばし、積極的に食べる。
保育者の 援助	●マットや巧技台を用意し、十分に体を動かせる環境を整える。	●介助皿につかみやすいように食材を置く。 ●後期食のかたさや味に慣れ、すすんで食べられるよう、食べやすい大きさで提供する。
振り返り	●なるべく禁止をせず、安全に配慮しながら、自由に動けるように見守った。 ●座位などの姿勢からバランスを崩したときにけがのないように見守っていく。	●手づかみ食べで、口の中に詰めこみすぎることがあった。 ●一口ずつ介助皿に置き、「もぐもぐね」と声をかけ、関わるようにしていく。

ポイント！保育者の思い

まだ食べられる量より、こぼす量の方が多い時期なので、保育者がそばにつき、スプーンで食べさせてあげましょう。

✚…健やかに伸び伸びと育つ　♥…身近な人と気持ちが通じ合う　♪…身近なものと関わり感性が育つ

10月　個人案　低月齢児・高月齢児

高月齢児 Cちゃん 1歳3か月（男児）	高月齢児 Dちゃん 1歳5か月（女児）
● 保育者と手をつないで歩くだけではなく、自ら手を離して数歩、歩くことが増えた。 ● さまざまな玩具に興味を示して遊ぶが、すぐに飽きてしまう姿が見られた。	● 自ら他児に近寄り、頭を優しくなでたり、お腹をトントンしたりと、関わっていた。 ● 自分の思いを首振りや指差しではっきりと伝えるようになった。
♪ 興味をもっている玩具で、じっくりと遊びこむ。	♥ 他児ともののやりとりをとおして、関わる。
♪ 玩具に興味をもち、一定時間遊びこむ。	♥ 他児の遊ぶ姿を見たり、保育者の仲立ちのもと、関わりをもったりする。
● 好きな玩具を選べるようにし、保育者が一緒に遊ぶことで遊ぶ楽しさに共感する。	● 他児と関わりたいという気持ちをくみとり、保育者の仲立ちでふれあえるようにする。
● 車の玩具で遊ぶときに、集中して走らせ、一人で遊びこんでいた。 ● 保育者がそばで見守ることで、集中して遊びを楽しめるようにしていく。	● 他児に興味を示し、顔を他児に押しつけたり、遊びをまねしたりしようとしていた。 ● 手が出てけがにつながらないように、保育者が注意して見守り、仲立ちをしていく。

ポイント！ 保育者の思い

他児に興味をもっている様子が見られたら、保育者が仲立ちして関われるようにしましょう。

10月 個人案 配慮事項・発達援助別

◉ CD-ROM → 📁 0歳児 _ 個人案
→ 📁 p116-p119_10月の個人案（配慮事項・発達援助別）

	気になる子　⛰運動　7か月（女児） **寝返りをうとうとしない**	発達援助　✚健康・安全　9か月（女児） **突発性発疹の休み明け**
前月末の子どもの姿	●首はすわり、体は成長してきているが、寝返りをうとうとしない。	●突発性発疹で1週間、園をお休みしていた。
ねらい	✚うつぶせ姿勢に慣れ、遊ぶ楽しさを感じる。	✚体調を整え、健康的に園生活を過ごす。
内容	✚うつぶせ姿勢で遊ぶ。 ✚保育者の援助を得て寝返りをする。	✚体調や機嫌を見ながら園の生活リズムに慣れ、食事と睡眠を十分にとる。
保育者の援助	●あおむけの状態で、大腿部を両手で片側にひねらせるなどして、寝返りの姿勢に慣れさせる。 ●うつぶせ姿勢にさせて一緒に遊ぶ。	●家庭で過ごす時間が長くなると、登園時に不安から泣いてしまうことが多いため、保育者が抱っこするなど関わりをもち、情緒が安定するよう配慮する。
振り返り	●自ら寝返りをすることはまだないが、うつぶせで遊ぶことには慣れてきた。	●休み中、家庭でやわらかいものを食べていたため、かたいものや大きいものが口に入ると吐き出すことが多かったが、無理強いはせず本児のペースで食べられるよう見守った。
保護者への配慮事項	●運動の発達は個人差が大きいので、焦らず、うつぶせで遊んでもらうよう伝える。	●体調不良で休むことが多くあるので、家庭と連携をとりながら、体調の変化を気にかけていく。

ポイント！保育者の思い

ずりばいや四つばいが先にできる場合もあるので、まずはうつぶせ姿勢に慣れさせてあげましょう。

熱はこまめに測り、変化があるときはすぐに連絡します。

✚…健やかに伸び伸びと育つ　♥…身近な人と気持ちが通じ合う　♪…身近なものと関わり感性が育つ

気になる子　♥人間関係	発達援助　♪食事
1歳2か月（男児） **人見知りが強い**	1歳3か月（男児） **食べながら寝てしまう**
●担当の保育者とは関係が築かれつつあるが、それ以外の保育者が関わろうとすると火がついたように泣き叫ぶ。	●食事に飽きてしまい、途中で寝てしまう姿が見られた。
♥担当の保育者以外の、さまざまな人と関わる楽しさを感じる。	✚楽しい雰囲気で意欲的に食事をする。
♥担当以外の保育者のあいさつなどの関わりに応じる。 ♥担当以外の保育者とやりとり遊びを楽しむ。	✚食べる意欲をもち、自らすすんで食べようとする。
●担当の保育者との愛着関係を改めて重視し、楽しいと感じられる体験を積み重ねる。 ●ほかの保育者が担当の保育者と遊んでいるところを見て、一緒に遊ぶ。	●集中力がなくなっているときはひざにのせて1対1での関わりを大切にし、全量食べられるように工夫する。 ●「おいしいね」と声をかけることで、食事が楽しいと感じられるようにする。
●担当の保育者がそばにいれば、ほかの保育者が関わっても、担当保育者を確認するだけで遊びを続けられるようになってきた。	●少量ずつしか口に入れられず時間がかかるときは、テンポよく食事をすすめられるように、保育者がスプーンで口に運ぶなど必要な介助をした。
●まずは特定の人との愛着関係を安定させることが重要なので、家庭でも引き続き、関わりを重ねてもらうよう伝える。	●気分の波があり、園では食べる量にムラがあることを伝え、家庭での食事量についてもくわしく教えてもらう。

10月　個人案　配慮事項・発達援助別

担当保育者が安全基地になるように、そばにいて、泣いたら抱っこして安心させてあげましょう。

好き嫌いが出てくる時期ですが、食べたときはほめるようにします。

10月 乳児保育のポイント

保健　歯みがきの習慣をつけましょう

- この時期は、家庭での取り組みがメインとなります。園では、状況の把握と適切な取り組みを促しましょう。
- 乳歯は虫歯になりやすく、虫歯になってしまうと永久歯やその後の歯並びにも影響が出ます。
- 特に虫歯ができやすいのは、歯と歯の間、歯肉に近い部分、奥歯の溝です。
- 歯ブラシは、大きすぎるものはNG。歯2本分くらいのものを選びましょう。
- 歯ブラシによる事故が報告されています。歯ブラシをもって遊んだり、移動したりしないように見守りましょう。

6〜9か月
下の前歯から生え始める

口や口のまわりを触られることに慣れるように、ガーゼを人差し指に巻き、歯の汚れを拭きとる。

8か月〜1歳
上下の前歯が生えそろう

歯みがきの準備。口の中は敏感なので、歯ブラシに慣れ、口に入れる習慣を。

1歳〜1歳半
奥歯が生え始める

歯ブラシに興味をもつころです。自分で歯をみがいたら、仕上げみがきをする。

1歳半〜3歳
犬歯（けんし）と奥歯が生え、20本すべて生えそろう

奥歯は虫歯になりやすいので、仕上げみがきは欠かさない。

仕上げみがきのポイント

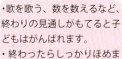

- 片方の手で口を開かせる。
- 歯1本ずつ小刻みに動かしてみがく。

- 歌を歌う、数を数えるなど、終わりの見通しがもてると子どもはがんばれます。
- 終わったらしっかりほめましょう。

食　発達と離乳食のプロセス

- 離乳のすすめ方は、一人ひとりの発達状況によって異なります。
- 摂食機能を十分に獲得できるよう、急ぎすぎてしまったり、発達の段階を飛び越したりしてしまわないように、子どもの様子を把握しながらすすめていくことが大切です。

離乳初期（ゴックン期）5〜6か月	離乳中期（モグモグ期）7〜8か月	離乳後期（カミカミ期）9〜11か月	離乳完了期（パクパク期）12〜18か月

口を閉じ、舌の前後運動で飲みこむことに慣れる時期。ポタージュなどドロドロの形状のものを与える。スプーン1杯、舌の上にのせて飲みこむことから始める。	午前と午後の2回、舌でつぶすことができるくらいのやわらかいものを与える。舌の上下運動、あごの上下運動でモグモグと口を動かしながら食べる。	咀しゃくする力をつける時期。1日3回、歯ぐきでつぶせるかたさのものを与える。自分で食べる意欲を育てるために、一口大のおにぎりなど手にもてるものを与えるとよい。	歯の生え方には個人差があるが、上下4本ずつ生えている子が多い。乳歯でかみつぶせるくらいのかたさのものを与える。舌を自由に動かせるようになる。手づかみ食べを十分にさせる。

遊びと環境

その① 玩具を動かして遊ぶ（低月齢）

用意するもの オーボール、風船、プルトイ、音が鳴る玩具（手で握れる大きさ、やわらかで弾力性のあるもの、なめても安全で清潔を保てるような布や天然素材）

環境のポイント
- 座っている子どもの正面にボールを転がすなど、玩具にふれやすいようにしましょう。

活動の内容
- ボールや風船などの感触や音を楽しむ。
- 玩具にふれたり転がしたりすることで、手指の発達を促す。「転がせた」という満足感を味わう。

玩具を動かして遊ぶ

繰り返し遊んだあとは……
- 玩具を、つかまり立ちできる高さの机の上に置いたり、坂の上を転がしたりすると、視野を広げるきっかけになる。

10月 乳児保育のポイント

その② 段ボールの手押し車で遊ぶ（高月齢）

用意するもの 手づくりの段ボールの手押し車

手押し車で遊ぶ

環境のポイント
- 十分動ける広さのスペースを確保しましょう。
- 歩行が安定しない時期は、ひっくりかえることがあるので配慮しましょう。

繰り返し遊ぶなかで……
- 手押し車に乗って遊ぶ子や、人形や好きな玩具を乗せる子がいるなど、遊びが広がっていく。

活動の内容
- 押しながら移動することを楽しむ。
- 足底に感じる感触を楽しむ。

10月の文例集（低月齢児）

CD-ROM → 📁 0歳児_季節の文例集→p122_10月の文例集_低月齢児

前月末の子どもの姿

- 手指を使ってつまんだり、つかんだりして上手に玩具で遊ぶ姿が見られた。
- 食べ物に好き嫌いが出てきて、苦手なものを吐き出す姿が見られるようになった。

養護のねらい

- はいはいをする子、つかまり立ちをする子など、身体の発達状況はそれぞれなので、一人ひとりが満足できる活動スペースを用意する。
- 戸外へ出て秋の自然にふれる機会をつくり、身のまわりの自然への興味を引き出していく。

健康・安全への配慮

- 天候が変わりやすい時期なので、室内の環境を適切に整え、健康に過ごせるようにする。

ねらい

- ✚安全な環境のなか、十分に身体を動かす。
- ♥保育者の語りかけに喜んで関わる。
- ♪戸外へ出て散策活動を楽しむ。

内容

- ✚はいはいを盛んにし、保育者との追いかけっこを楽しむ。
- ♥「あー」「うー」などの喃語を発し、保育者とのやりとりを楽しむ。
- ♪バギーで公園へ出かけ、秋の植物や虫を見て楽しむ。

環境構成

- 思いきり身体を動かせる広いスペースを用意する。状況に応じて廊下などのスペースも活用する。
- 言葉のやりとりを楽しめるように、簡単な言葉を繰り返して発するようにする。
- 気温が下がる日もあるため、体調を崩さないように、衣服で体温調節をする。

保育者との関わりと配慮事項

- 「待て待て」と声をかけ、遊びに誘い、活発な動きを促す。
- 喃語や指差しには、声を出してこたえ、子どもの気持ちをくみとるようにする。
- 誤って自然物を口に入れ、のどに詰まらせるなどの事故にならないように、戸外での活動の際は気をつけて見守る。

職員との連携

- 発達段階の近い子どもで少人数のグループに分かれて活動できるように、発達状況や活動内容を共有・相談する。

家庭・地域との連携

- 保護者に運動会への参加を呼びかけ、他児も含めた子どもたちの様子を見てもらうようにする。
- 運動会のチラシを町内の掲示板に貼ってもらい、見に来てもらうように促す。

食育

- 落ち着いた環境で食事を楽しむことに集中する。
- さまざまな食材を口にし、いろいろな味に慣れる。

✚…健やかに伸び伸びと育つ　♥…身近な人と気持ちが通じ合う　♪…身近なものと関わり感性が育つ

10月の文例集（高月齢児）

◎ CD-ROM → ■ 0歳児 _ 季節の文例集 → p123_10月の文例集 _ 高月齢児

前月末の子どもの姿

- 「ちょうだい」「どうぞ」と、保育者とのやりとりを楽しむ姿が見られた。
- 自己主張が強くなり、自分の欲求が通らないと、泣いて保育者に訴えることがあった。

養護のねらい

- 子どもが自分の気持ちや欲求を十分に受け止めてもらえる安心感のなかで過ごせるように、ていねいに関わる。

健康・安全への配慮

- 感染症の流行が心配される季節になるので、保育者の手洗いやうがいを徹底する。
- 気温の変化に合わせて子どもの衣服を適切に交換し、体温調節をする。

ねらい

- ✚ 食具を使って食事を楽しむ。
- ✚ 手を洗い、清潔になることを喜ぶ。
- ♪ 戸外へ出かけ、秋の自然を楽しむ。

内容

- ✚ スプーンやフォークを使ってこぼしながらも食べようとする。
- ✚ 戸外から帰ってきたら、保育者に援助してもらいながら手を洗う。
- ♪ 花や虫、木の実などを見つけ、自然のなかで遊ぶことを楽しむ。

環境構成

- 楽しい雰囲気のなか、一人ひとりの食べるペースを尊重できるよう食事の時間を長めに設定する。
- 個人用の手拭きタオルを用意しておく。
- 秋の自然を楽しめる散歩コースを下見しておく。

保育者との関わりと配慮事項

- 保育者の声かけや励ましで、自らやってみようとする意欲を引き出す。
- 「きれいになったね」などと声をかけ、清潔になる気持ちよさが感じられるようにする。
- 歩行の安定など、身体の発達状況に差があるので、少人数のグループを組んで出かけるなど、無理なく活動できるよう配慮する。

職員との連携

- 運動会での職員の分担について、最終確認の打ち合わせを行う。

家庭・地域との連携

- 運動会の親子競技への参加を呼びかける。
- 感染症の流行期なので、家庭での予防について保護者にわかりやすく伝える。

食育

- 食事の前後に手を合わせ、「いただきます」「ごちそうさまでした」のあいさつをする。

✚…健やかに伸び伸びと育つ　♥…身近な人と気持ちが通じ合う　♪…身近なものと関わり感性が育つ

11月 月案・低月齢児

◎ CD-ROM → 📁 0歳児 _ 月案
→ 📁 p124-p127_11月の月案（低月齢児）

11月　低月齢児　月案　いちごぐみ
担任：A先生

今月の保育のポイント

低月齢児もつかまり立ちをする子が増え、動きが活発になってきます。安全に過ごせるような環境設定を保育者同士で考え、保育者の配置にも配慮していくことが大切です。気温の変化から体調を崩しやすい時期でもあるため、家庭と密に連絡を取り合い、必要であれば早めの受診をお願いしましょう。

前月末の子どもの姿

- はいはいでの探索範囲が広がり、保育者につかまったり、立ち上がったりする姿が見られた。
- 段差があると、頭のほうから手をついて下りることが多くあった。

	ねらい	内容
健やかに伸び伸びと育つ	・生活リズムが整い、落ち着いて過ごす。 ・体を動かす楽しさを味わう。	・食具に興味をもったり、手づかみ食べをさかんにしたりする。 ・個々のリズムに合わせてしっかりと午睡をする。 ・軟らかい地面や不安定な場所で座ったり、はいはいをしたりして体を動かす。
身近な人と気持ちが通じ合う	・喃語を使って、保育者とのやりとりを楽しむ。	・喃語を発し、保育者に気持ちを伝えようとする。
身近なものと関わり感性が育つ	・興味のある遊びをじっくり楽しむ。 ・外に出かけて秋の自然を感じる。	・落ち着いた環境で、クレヨンで描くことや簡単な型おとしや型はめを楽しむ。 ・バギーでの散歩で、落ち葉や秋の風にふれることを楽しむ。

職員との連携

- 気温差が大きくなり、体調が崩れやすくなっているため、子ども一人ひとりの体調の変化を保育者間で共有する。

家庭・地域との連携

- クラスで発生した感染症の情報を提供し、体調の変化に気をつけ、家庭と園での様子を伝え合う。
- 靴を履く子は、サイズが合ったものを準備してもらう。

※乳児保育の場合、特に養護と保育内容は一体的に展開されるものですので、
　ねらいと内容を設定するときには養護の要素も含めて考えることが大切です。

養護のねらい	健康・安全への配慮	行事
● 一人ひとりの生活リズムに配慮し、心身ともに元気に過ごせるようにする。 ● 安心して保育者とのやりとりを楽しめるよう、思いを受け止め、応答していく。	● 朝夕と日中の気温差に合わせて衣服の調節や、室温・湿度の管理を適切に行い、個々の体調の変化に注意する。 ● はいはいでの移動が盛んになるため、事故が起きないように広い空間を確保する。	● 身体測定 ● 誕生会 ● 避難訓練 ● 保育参観

11月 月案・低月齢児

環境構成	保育者の関わりと配慮事項
● 他児と一緒に食べることで、手づかみ食べに興味がもてるようにする。 ● 安心して眠りにつけるように、室温・湿度を調整する。 ● 全身運動を促すため、バランスがとりづらい砂場や斜面、マットなどの不安定な場所を活動場所に設定する。	● こぼしたらこまめに拭き、気持ちよい環境で食事がとれるようにする。 ● 一人ひとりの状態を見て、午前睡が必要な場合はとるようにする。 ● 急な斜面や起伏のある場所でも安心して自由に探索活動ができるように、そばで見守る。
● 喃語で話しかけてきたときには、同じ言葉で返したり、思いを代弁したりして言葉でのやりとりを楽しめるようにする。	● 子どもの伝えたいという欲求を満たしていけるように、発した言葉を受け止め、応答する。
● それぞれが好きな玩具をみつけ、少人数でじっくりと遊べるよう遊ぶ場所を分ける。 ● 散歩コースの安全を事前に確認しておく。	● 座って遊ぶ子には落ち着いたスペースをつくり、活発に動き遊びたい子どもには広い空間を用意して自由に遊べるように配慮する。 ●「葉っぱがきれいだね」「風が冷たいね」など、優しく語りかける。

食育	☑ 反省・評価のポイント
● 手づかみ食べのとき一緒にスプーンを握るなどして、食具を使って食べることに興味をもつ。	● 探索行動や移動など十分に欲求を満たせるよう、巧技台やマット遊びなど、体の動きを引き出す環境を整えられたか。 ● 好きな玩具で落ち着いて遊べるように、そばに寄り添い、見守れたか。

11月 月案・高月齢児

CD-ROM → 0歳児_月案 → p124-p127_11月の月案（高月齢児）

11月　高月齢児　月案　いちごぐみ
担任：B先生

今月の保育のポイント

他児に興味を示し、積極的に関わろうとする姿が見られる時期です。一方で、関わり方がわからずに、ものの取り合いから手が出てしまうこともあります。玩具の数を多めに用意したり、関わり方をていねいに伝えたりしながら、子ども同士の遊びを見守るようにしましょう。

前月末の子どもの姿

- 靴を履いて歩くことに慣れてきたが、時折バランスを崩して転ぶことがあった。
- 他児との玩具の取り合いや、自分の思うようにいかなかったときに、怒ったり、泣いたりする姿が見られた。

	ねらい	内容
健やかに伸び伸びと育つ	・さまざまな遊具を用い、全身を使った運動を楽しむ。 ・保育者と手をつないで歩くことを楽しむ。	・トンネル型遊具やすべり台などの遊具に興味をもち、遊んでみる。 ・安全な遊歩道で保育者と一緒に散歩をする。
身近な人と気持ちが通じ合う	・保育者とのやりとりや遊びの楽しさを味わう。 ・他児に興味をもち、関わろうとする。	・歌「こぶたぬきつねこ」に合わせて保育者の姿をまねて、関わりを楽しむ。 ・他児や他児のもっている玩具に興味をもち、同じものを使って遊ぶ。
身近なものと関わり感性が育つ	・さまざまな素材に興味をもってふれ、感触を楽しむ。 ・音楽に合わせて体を動かして楽しむ。	・小麦粉粘土や寒天などの素材に興味をもち、触って遊ぶ。 ・「どんぐりころころ」に合わせて、手づくりマラカスを振って楽しむ。

職員との連携

- 体調に変化が現れやすい時期なので、子ども一人ひとりの様子に留意し、保育者間で共有する。
- 子どもの体調に合わせて、戸外と室内に分かれて過ごすなど、保育者間で連携をとる。

家庭・地域との連携

- クラスで発生した感染症の情報を提供し、家庭でも体調の変化に気をつけてもらう。
- 園で取り組んでいることについて伝え、できることは家庭でも行ってもらうようお願いする。

※乳児保育の場合、特に養護と保育内容は一体的に展開されるものですので、ねらいと内容を設定するときには養護の要素も含めて考えることが大切です。

養護のねらい

- 一人ひとりの健康状態に留意し、その日の体調に合わせて活動できるようにする。
- 保育者との安定した信頼関係のもと、落ち着いた気持ちで1日を過ごせるようにする。

健康・安全への配慮

- つたい歩きやつかまり立ちで転倒してけがをしないよう環境を整える。
- 体調を崩しやすい時期なので、個々の子どもの状態を把握し、かぜや感染症の予防と早期発見に努めていく。

行事

- 身体測定
- 誕生会
- 避難訓練
- 保育参観

11月 月案・高月齢児

環境構成	保育者の関わりと配慮事項
● 他のクラスの幼児と別のタイミングになるよう園庭の使用時間を調整する。 ● 人通りが少なく、子どもが歩きやすい場所を探しておく。	● 固定遊具で遊ぶときは必ず保育者が子どもの体を支え、安全に十分配慮する。 ● 歩行を楽しめるように、子どもが見ているものや指差しに応じて声をかける。
● 保育者が振りをつけて歌う様子を見せる。 ● 興味をもつ様子が見られたときには、他児の遊ぶ様子を近くで見せて、同じ玩具で遊べるようにする。	● 楽しいと感じられるように、子どもの目線に合わせて話しかけたり、思いを代弁したりする。 ● 他児に手が出てしまわないよう相手との距離感に注意し、やりとりを見守る。
● さまざまな感触を感じられるよう、小麦粉粘土のかたさや寒天の濃度に変化をつけたものを用意する。 ● 保育者がマラカスを手づくりしておく。動いたときにぶつからないようスペースを確保する。	● 粘土や寒天に手がふれるのを嫌がる子どもには、スプーンで間接的にふれることもできるようにして、素材への興味がもてるようにする。 ● 日ごろから保育者が楽しそうに歌うことで、音楽への興味を促す。

食育

- 食材の名前を教えてもらいながら、楽しい雰囲気のなか食事を楽しむ。

反省・評価のポイント

- 子どもが自らやってみたいと思えるような言葉がけはできたか。
- 他児との関わりを楽しいと感じられるように仲立ちできたか。

11月 個人案 低月齢児・高月齢児

● CD-ROM → ■ 0歳児＿個人案
→ ■ p128-p131_11月の個人案（低月齢児・高月齢児）

	低月齢児 Aちゃん 10か月（女児）	低月齢児 Bちゃん 1歳1か月（男児）
前月末の 子どもの姿	● つかまり立ちをしようとすることが多かった。 ● 食材に興味を示し、手を伸ばすことが増えた。	● 手づかみ食べをするなかで、時おり食具に興味をもつ姿が見られた。 ● つたい歩きをするようになった。
ねらい	✚ 自分で食べる喜びを感じる。	✚ さまざまなものをすすんで食べ、食具や食器に興味をもつ。
内容	✚ 後期食の形態に慣れ、手づかみ食べをしたり、食具をもって食べたりする。	✚ 完了期食の形態に慣れ、お茶碗飲みをしようとする。
保育者の 援助	● つかみやすい食材を介助皿に置き、積極的に手づかみ食べができるように配慮していく。	● お茶碗をもちやすいように手を添える。 ● 食材をつかみやすいように細かくするなどの配慮をする。
振り返り	● 食事に飽きて、食材で遊んでしまう姿が見られた。 ● 保育者も一緒に食べ、手のひらで食材にふれるように促し、意欲を引き出していく。	● お茶碗をもって飲む姿が多く見られた。 ● 自分から興味をもつ姿を認め、自信がもてるよう関わっていく。

ポイント！保育者の思い

手指の発達とともに、しっかりつかめるようになってきます。

✚…健やかに伸び伸びと育つ　♥…身近な人と気持ちが通じ合う　♪…身近なものと関わり感性が育つ

高月齢児
Cちゃん　1歳4か月（男児）

●	バランスを崩しながらも、意欲的に歩行する姿が見られた。
✚	歩行が安定し、探索活動の範囲が広がる。
✚	ひとり立ちから、自分で安定して歩行する。
●	周囲に危険なものがないか確認し、興味があるものを示して歩行への意欲を引き出す。
●	中旬から靴を履いて歩行するようになった。 ● 足もとを見ておらず、つまずくことが多いので、注意をして見守っていく。

高月齢児
Dちゃん　1歳6か月（女児）

●	他児に話しかけたり、ふれようとしたりする姿が見られた。 ● 他児との手つなぎ散歩を楽しんでいた。
♥	好きな遊びをとおして、他児と関わることを楽しむ。
♥	保育者と一緒に、他児と一緒の遊びを楽しむ。
●	玩具の取り合いにならないように数を多く設置し、トラブルにならないように仲介しやすい位置で見守る。
●	玩具を他児にとられると泣き、なかなか気持ちを切り替えることができなかった。 ● 他児との距離感に気をつけて遊ぶ空間をつくっていく。

11月　個人案　低月齢児・高月齢児

ポイント！保育者の思い
安心して他児と関われるよう、保育者が仲介しましょう。

11月 個人案 配慮事項・発達援助別

◉ CD-ROM → 📁 0歳児_個人案
→ 📁 p128-p131_11月の個人案（配慮事項・発達援助別）

	気になる子 ✚運動 9か月（男児） 座位が安定しない	発達援助 ✚運動 12か月（女児） つたい歩きで盛んに歩く
前月末の 子どもの姿	●座位になろうとするが、長く座っていられず、少し経つと前後に倒れてしまう。	●つかまり立ちからつたい歩きをする様子が見られた。
ねらい	✚安定した姿勢で座る。	✚自ら歩いて移動する楽しさを味わう。
内容	✚姿勢を安定させて座位を保ち、両手で玩具をもって遊ぶ。	✚柵や棚の高さを利用して、つたい歩きで歩く。
保育者の 援助	●前に倒れてしまう場合は、腹部にタオルなどを入れ、前方に玩具を置いて遊ばせる。 ●後ろに倒れてしまう場合は、後ろにクッションを置いたり後ろから支えたりする。	●つかまり立ちができる場所を増やし、つたい歩きができるように促す。 ●上手に移動しているときはほめ、一人で立てるうれしさや楽しさを感じられるようにする。
振り返り	●まだ不安定さは残るが、少しずつ座位を保持できる時間が延びてきている。	●両手を離して立てることが何度かあったため、その都度ほめる声かけをし、自信へとつなげた。
保護者への 配慮事項	●10か月を過ぎても座位が安定しない場合は、専門機関への相談をすすめる。	●まわりに玩具が落ちていないかなど自宅の環境を見直してもらい、転倒によるけがを防止するよう伝える。

ポイント！保育者の思い

倒れても頭を打たないように安全な環境調整をしましょう。

行動範囲が広がるので、安全な環境づくりに気をつけます。

✚…健やかに伸び伸びと育つ　♥…身近な人と気持ちが通じ合う　♪…身近なものと関わり感性が育つ

発達援助　✚食事	気になる子　✚健康・安全
1歳2か月（男児） **卵アレルギーがある**	1歳3か月（女児） **指差しが見られない**
● （年度途中の入園時に）保護者から卵アレルギーの申告があったため、給食では除去食を提供している。 ● 除去食に慣れないのか少食で、給食を残すことが多い。	● 欲しいものがあっても指差しで要求せず、大人の手をつかんで知らせることが多い。 ● 有意味語はまだ出ていない。
✚給食の時間を楽しみにし、食事をする。	♥指差しや発声などで保育者とのコミュニケーションを楽しむ。
✚アレルギー除去食に慣れ、保育者や他児と一緒に食べることを楽しむ。	♥指差しや声などで自分の意思を相手に伝えたり、人の言葉に応じたりする。
● 誤食がないよう、アレルギーの内容を栄養士、調理員も含めてよく確認し、提供時のチェックに気を配る。 ● 無理なく除去食に慣れることができるよう食事の様子を注意して見守り、栄養士と相談する。	● 保育者が見たものを指差しで教え、言葉に出して伝えることを繰り返す。 ● 子どもが要求しているものをすぐには与えず、近くで2つ提示し、どっちがいいか選ばせる。
● 本児の好きな食べ物や、食べられる分量について、栄養士と相談しながらすすめたところ、完食できる日もあった。	● 保育者の指差しに対し、指差した方向を見て、保育者の言葉をまねようとすることが増えた。
● 除去食の献立や給食のときの様子を保護者と共有する。	● 言葉の発達には個人差があるので、焦らず、言葉をかける関わりを続けてもらうよう伝える。

11月 個人案 配慮事項・発達援助別

ほかの子とメニューが違うことで孤立してしまわないように配慮します。

言葉の発達には指差しが非常に重要です。発語がなくてもたくさん言葉をかけてあげましょう。

11月 乳児保育のポイント

保健　衣服の調整で体調管理を

		3か頃			6か月頃			1歳頃	
	春/秋	夏	冬	春/秋	夏	冬	春/秋	夏	冬
室内	短肌着＋ツーウェイオール、コンビ肌着	短肌着＋短肌着、コンビ肌着	短肌着＋コンビ肌着＋ツーウェイオール	コンビ肌着＋カバーオール	ボディ肌着、ロンパース	コンビ肌着＋カバーオール	かぶり型肌着＋長袖シャツ＋ズボン	かぶり型肌着、Tシャツ＋ズボン	かぶり型肌着＋トレーナー＋ズボン
外	靴下＋アフガン＋帽子	靴下＋帽子	靴下＋アウター＋帽子	靴下＋アフガン＋帽子	靴下＋帽子	靴下＋アウター＋帽子	靴下/靴＋カーディガン＋帽子	靴下/靴＋帽子	靴下/靴＋アウター＋帽子

- 温度と湿度がぐっと下がり、肌寒くなる季節です。朝夕は寒くなりますが、日中は日差しが強い日も多くあり、汗ばむこともあります。薄手の服の用意も必要です。
- 大人は寒さを感じると、すぐに子どもに厚着をさせてしまいがちですが、身体が本来もっている調節機能を発達させるためにも、できるだけ薄着を心がけます。

冬はスキンケア対策も怠らずにしましょう

乳幼児の皮膚は大人よりも薄く、乾燥に弱いです。肌が乾燥すると、かゆみが生じ、皮膚をかきむしってしまうことがあります。かきむしることで皮膚のバリア機能が低下すると、感染症のリスクが高まります。入浴は毎日行い、清潔に保つことが基本ですが、乾燥肌で主治医から塗り薬が処方されているときなどは、園でもケアをするようにします。

出典：草川功監修『0〜3歳の成長とともに！Happy!育児オールガイド』（イラスト：たはらともみ）新星出版社、2015年、123ページ

食　離乳食初期の介助のしかた
5〜6か月（ゴックン期）

食べる姿勢

- スプーンで下唇にふれ、合図をします。
- 固形物の取りこみと口の中での処理は哺乳とは異なるはじめての経験です。まずは慣れることを目的に無理のないようにしましょう。
- 食べる姿勢は、上体が少し後ろに傾斜し、口を開けたときに舌が床と水平で、口を閉じると、のどに向けて少し傾斜がつくようにします。

- 口の中にスプーンを入れるのではなく、下唇にスプーンを置き、乳児が口唇を閉じ上唇で食べ物を取りこむのを待ってから、スプーンを引き抜きます。

スプーンは、まっすぐ引き抜くようにする。

checkポイント

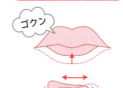

この時期は、唇を閉じて飲みこむことができます。舌は前後運動、あごは上下運動のみですが、スプーンの上の食べ物を唇で挟んでこすりとることができます。

遊びと環境

その① 秋の自然にふれて遊ぶ（低月齢）

用意するもの　バギー、おんぶ紐

環境のポイント
- 秋の植物や動物にふれられる場所と、安全を確認しておきましょう。
- 砂や石を口に入れないように、配慮しましょう。

活動の内容
- 鳥や虫の声、木の葉の揺れる音などを聞く。
- 草花、虫、土など自然に直接手でふれ、感触を楽しむ。

秋の自然にふれる

11月　乳児保育のポイント

その② 音楽に合わせて身体を動かして遊ぶ（高月齢）

用意するもの　子どもが好きな曲、手づくりマラカスなど音の鳴る玩具（自由に手にとれるところに置く）

活動の内容
- 歌や音楽に合わせて、保育者と一緒に身体を動かして遊ぶことを楽しむ。
- 保育者が手づくりのマラカスを振りながら歌うのを見て、リズムにのる動きをまねする。

リズム遊びなどをする

繰り返し遊ぶなかで……
- 日頃から保育者が楽しそうに歌ったりリズミカルな音楽をかけたりしていると、音を聞いて、自分からまねた動きをする子もいる。

環境のポイント
- 動いたときにものにぶつからないよう、遊ぶスペースを確保しましょう。

11月の文例集（低月齢児）

CD-ROM → 📁 0歳児 _ 季節の文例集 → p134_11月の文例集 _ 低月齢児

前月末の子どもの姿

- 手づかみで意欲的に食べる姿が見られた。
- 他児に興味をもち、後を追って歩こうとする姿が見られた。

養護のねらい

- 見守られている安心感のなかで、探索範囲を広げていけるようにする。
- 肌寒くなってくる季節だが、なるべく戸外に出て遊ぶように援助する。

健康・安全への配慮

- 感染症による嘔吐や下痢などにすばやく対応できるよう、処理の方法をまとめた手順シートや、処理道具を集めた「嘔吐セット」などを用意しておく。
- 室内を適切な温度、湿度に保ち、こまめに換気を行うようにする。

ねらい

- ✚すすんで移動することを楽しむ。
- ♥保育者に見守られながら、他児に興味を示す。
- ♪歌や音楽に合わせて身体を動かすことを楽しむ。

内容

- ✚はいはいやつかまり立ちで移動をする楽しさを味わう。
- ♥保育者の仲立ちのもと、他児と同じ場で遊ぶ楽しさを味わう。
- ♪童謡や手遊びうたで、身体を自由に動かすことを楽しむ。

環境構成

- 興味をもっている玩具を前方に置いておき、はいはいやつたい歩きなどの移動を促す。
- 優しい言葉がけを心がけ、落ち着いた雰囲気のなか、一緒に遊べるようにする。
- 音の出る玩具をそばに置いておき、手足を動かして音を楽しむ環境をつくる。

保育者との関わりと配慮事項

- つかまり立ちでは手を添えたり、はいはいでは足のふんばりを助けたり、一人ひとりの発達に合わせて援助を行う。
- 保育者に見守られている安心感のなかで、他児と遊ぶことに興味をもてるようにする。
- 保育者のまねを楽しめるよう、大きな身振り手振りを心がける。

職員との連携

- 感染症にかかった子が出た場合は、クラスを超えて園全体で情報を共有し、対策をとる。

家庭・地域との連携

- 感染症の予防方法を保護者に伝え、家庭でもできる部分は協力をお願いする。

食育

- 発達の状況に合わせて離乳食を食べることを楽しむ。

✚…健やかに伸び伸びと育つ　♥…身近な人と気持ちが通じ合う　♪…身近なものと関わり感性が育つ

11月の文例集 （高月齢児）

● CD-ROM → ■ 0歳児＿季節の文例集→p135＿11月の文例集＿高月齢児

前月末の子どもの姿

- 排尿に気づき、おむつを換えてほしいと保育者に知らせてくる子が見られるようになってきた。
- 自分の気持ちをうまく伝えられないもどかしさから、かんしゃくを起こす子もいた。

養護のねらい
- 子どものしぐさや表情から、気持ちを受け止め、満たされた気持ちのなか生活できるようにする。
- 身のまわりのことを自分でやってみようとする気持ちを尊重し、そばで見守りながら適切な手助けをしていく。

健康・安全への配慮

- 感染症の早期発見と予防に努める。
- 暖房は外気温との差を考えて適切な温度を設定し、乾燥しすぎないよう湿度も適切に管理する。

ねらい

- ✚ 排泄したことを保育者に伝えようとする。
- ♥ 保育者と片言やしぐさで楽しくコミュニケーションをとる。
- ♪ 戸外へ出かけ、秋の気候を楽しむ。

内容
- ✚ 排尿や排便したときの不快な気持ちをしぐさや片言で保育者に伝える。
- ♥ 保育者の発する簡単な言葉の意味がわかり、理解しながらやりとりを楽しむ。
- ♪ 靴を履いての歩行に慣れ、戸外を散歩する楽しさを味わう。

環境構成
- トイレに連れていくチャンスがあれば連れていく。
- よくわかるように発音し、言葉を繰り返し発することで、理解を促す。
- 歩きやすい靴で楽しく歩ける距離の散歩コースを設定する。

保育者との関わりと配慮事項
- 自らおむつ交換をしたいと意思を伝えてきたときは、おおいにほめる。
- 身振りで自分の思いを伝えてきたときには、「○○したいんだね」などと言葉に言い換え、共感する態度を示す。
- 朝夕と日中との気温差が激しくなるので、気候に合った服装で出かけるように注意する。

職員との連携

- 適切な歩行の援助ができるように、一人ひとりの発達状況を職員同士で共有する。

家庭・地域との連携

- 厚着になりすぎないように、体温調節のできる着替えを用意してもらう。

食育

- 上手にすくえるように気をつけながら、スプーンを使って食べようとする。

✚…健やかに伸び伸びと育つ　♥…身近な人と気持ちが通じ合う　♪…身近なものと関わり感性が育つ

12月 月案・低月齢児

CD-ROM → 0歳児_月案
→ p136-p139_12月の月案（低月齢児）

12月　低月齢児　月案　いちごぐみ
担任：A先生

今月の保育のポイント

気温が低くなる時期ですが、暖かい日は積極的に戸外へ出かけて活動し、室内でも全身を使って思いきり遊ぶようにしましょう。他児に興味をもって関わろうとするとき、顔をつまんだり、口に指を入れたりすることがあります。そっと手をもって顔から外し、他児から離れるよう促しましょう。

前月末の子どもの姿

- 指先を使う遊びを繰り返し楽しむ姿が見られた。
- つたい歩きをする際、バランスを崩す子どももいた。
- 他児のもっているものに手を出して、泣かせてしまうことがあった。

	ねらい	内容	
健やかに伸び伸びと育つ	・楽しい雰囲気のなかで、自ら食事をしようとする。 ・はいはいやつたい歩きなどで、全身を使いながら探索を楽しむ。	・意欲的に手づかみ食べをする。 ・はしごの下をくぐったり、斜面の上り下りをしたりして全身を動かす。	
身近な人と気持ちが通じ合う	・指で差したり、声に出したりして、保育者に思いを伝える。 ・わらべうたを楽しむ。	・散歩に出かけたときに、まわりの景色を見ながら気になったものを指差ししたり、声に出したりして保育者に伝える。 ・保育者のわらべうたを見ながら体の動きをまねして、やりとりを楽しむ。	
身近なものと関わり感性が育つ	・さまざまな色や形にふれる。	・クレヨンで描いたり、シールを貼ったりして遊ぶことを楽しむ。	

職員との連携

- かぜやインフルエンザの感染源にならないよう保育者も手洗い、消毒を徹底する。
- 感染症が発生したら、全職員で情報を共有し、広まらないように対策をとる。

家庭・地域との連携

- 子どもの体調について家庭と園での様子を伝え合い、協力して感染症の予防と早期発見に努める。
- 室内で厚着になりすぎないよう調節しやすい衣服での登園をお願いする。

※乳児保育の場合、特に養護と保育内容は一体的に展開されるものですので、
　ねらいと内容を設定するときには養護の要素も含めて考えることが大切です。

12月・月案・低月齢児

 養護のねらい
- 保育者に見守られながら周囲への興味を広げられるようにする。
- 子どもの思いを受け止め、安心して過ごせるようゆったりと関わる。

 健康・安全への配慮
- 気温が低くなり暖房を入れる機会が増えるため、こまめに換気を行い、空気がこもらないように気をつける。
- 戸外から戻ってきた際は、手洗い・うがいで清潔を保ち、感染症やかぜの予防を心がける。

 行事
- 作品展
- 身体測定
- 誕生会
- 避難訓練
- クリスマス会

環境構成	保育者の関わりと配慮事項
● 手でつかみやすいように食材を少しずつ介助皿に置く。	● 自分で食材を口元に運べる充実感を感じられるように見守る。
● 広い空間を確保し、巧技台とマットで傾斜をつくり、全身を使って遊べる環境をつくる。	● 子ども同士の接触によるけがや転倒が起きないように保育者同士で連携をとり、子どもが順番に遊べるようにする。
● 暖かい日には園庭や公園で遊べる時間を多くつくる。	● 子どもたちの気づきにていねいに応答し、伝える喜びを感じられるように関わる。
● マットを敷いておき、座ったり、はいはいしたり好きな姿勢で楽しめるようにする。	● 子どもと目を合わせ、ゆったりとした動きで子どもが楽しめるようにする。
● クレヨンやシールなど、子どもが興味をもつ素材を用意し、模造紙を広げておき、自由に楽しめるように環境を設定する。 ● 好きな色が選べるよう、クレヨンやシールはさまざまな色を用意しておく。 ● シールは色味だけでなく、さまざまな形のものを用意しておく。	● 誤飲やトラブルがないように見守りつつ、新しい遊びを楽しめてうれしいという気持ちに共感をもって関わる。

 食育
- 楽しい雰囲気のなか、自分のペースで意欲的に食材を食べる。

 反省・評価のポイント
- はいはいやつかまり立ち、つたい歩きなど、一人ひとりの発達に合わせて全身運動を安全に楽しめる環境が整えられたか。
- 他児に向かって手を出したり、ものの取り合いなどでけがや事故のないように対応できたか。

12月 月案・高月齢児

CD-ROM → 0歳児_月案
→ p136-p139_12月の月案（高月齢児）

12月　高月齢児　月案　いちごぐみ

担任：B先生

今月の保育のポイント

身のまわりのことを自分でやってみたいという気持ちが芽生える時期です。一方で、自己主張が出てくることから、他児との関わり合いのなかで思うようにいかないと泣くこともあります。保育者は気持ちを受け止め代弁してあげるなど、子どもが気持ちを切り替えられるように接していきましょう。

前月末の子どもの姿

- 他児と積極的に手をつなごうとする姿が見られた。
- ズボンの上げ下げを自らやってみようとする姿が見られた。
- 遊んでいて思いが通らないときに、泣いてしまう姿が見られた。

	ねらい	内容
健やかに伸び伸びと育つ	● 簡単な身のまわりのことに興味をもち、自分でやってみようとする。 ● バランスをとりながら、自由に体を動かすことを楽しむ。	● ズボンを自ら脱いだり履いたりしようとする。 ● 態度やしぐさで保育者に排尿したことを知らせる。 ● 腕を使ってボールを投げたり、転がしたり、自由に楽しむ。
身近な人と気持ちが通じ合う	● 保育者や他児と遊びの時間を共有し、関わり合いを楽しむ。	● 保育者の動作を模倣し、他児と一緒にごっこ遊びを楽しむ。
身近なものと関わり感性が育つ	● 破る、ちぎるなどの動きを楽しむ。 ● 好きな絵本を見て、クリスマスの雰囲気を楽しむ。	● 新聞紙を破ったり、ちぎったりして、感触や音を楽しんで遊ぶ。 ● 保育者のところに自分の好きなクリスマス絵本をもっていき、読んでもらう。

職員との連携

- 職員全体で改めて「正しい手洗い・うがい」のしかたを確認し、徹底する。
- 感染症の発生状況を全職員で共有し、適切な対策をとって感染拡大を防ぐ。

家庭・地域との連携

- 子どもの体調や園で流行している感染症について、保護者と情報共有を徹底し感染の拡大を防ぐ。
- 厚着のしすぎで体を動かしづらくならないよう、脱ぎ着がしやすい衣服を用意してもらう。

※乳児保育の場合、特に養護と保育内容は一体的に展開されるものですので、
　ねらいと内容を設定するときには養護の要素も含めて考えることが大切です。

12月 月案・高月齢児

養護のねらい
- 安定した信頼関係を築き、自分の気持ちを安心して表すことができるように関わる。
- 身のまわりのことを自分でやりたい気持ちを尊重しながら、さりげなく必要な援助をしていく。

健康・安全への配慮
- こまめに窓を開けるなどして、空気の入れ替えをする。
- 自分でできる子には、手洗いをさせて清潔を保ち、感染症やかぜの予防を行う。

行事
- 作品展
- 身体測定
- 誕生会
- 避難訓練
- クリスマス会

環境構成	保育者の関わりと配慮事項
・ウエストのゴムを広げるなど、着脱しやすい状態にし、ズボンの上げ下げのコツを伝える。 ・遊びに集中しているときは、子どもの排尿間隔に合わせてトイレに行くよう誘ってみる。 ・「待てー」と保育者が追いかけたり、「ぽん」と言いながら投げたりして、ボールに親しめる雰囲気をつくる。	・やりたい気持ちを受け止め、自分でできたと達成感が得られるように、さりげなく援助する。 ・自分で「ちっち」と排尿を伝えられたときは、おおいにほめる。 ・床に落ちているボールで転倒しないように十分に配慮する。
・玩具のジュースやご飯、食器を用意し、ごっこ遊びができる環境をつくる。	・他児から無理やり玩具をとりあげそうになったときには、「貸して」と言いながら両手を差し出すなど、見本となる動作を示す。
・どんなふうに新聞紙にふれているかよく観察し、子どもがちぎりやすいように工夫する。 ・絵本は子どもが手にとりやすい場所に置いておく。	・ちぎった新聞紙を集めて新聞紙プール遊びに展開していけるようにする。 ・新聞紙を口に入れないよう、見守る。 ・子どもの興味に沿ったクリスマス絵本を用意しておき、表情豊かに読み聞かせる。

食育
- 食具を自分でもって食事をする。
- 保育者と一緒に「いただきます」「ごちそうさま」のあいさつをする。

反省・評価のポイント
- 子どもの気持ちを代弁しながら子ども同士のやりとりを見守り、けがのないよう配慮できたか。
- 自らやってみたいという欲求を受け止め、達成感が得られるよう、さりげない援助や声かけができたか。

12月 個人案 低月齢児・高月齢児

● CD-ROM → ■ 0歳児 _ 個人案
→ ■ p140-p143_12月の個人案（低月齢児・高月齢児）

	低月齢児 Aちゃん 11か月（女児）	低月齢児 Bちゃん 1歳2か月（男児）
前月末の子どもの姿	● つかまり立ちができるようになり、自らどこでもつかまり立ちをしようとしていた。 ● 手づかみ食べができるようになった。	● 食事のときに芋類を嫌がるようになり、自分でよけるようになった。 ● つかまり立ちから手を離し、4〜5歩、歩くことができた。
ねらい	✚ 十分に体を動かし、遊ぶ。	✚ 意欲的に歩行して探索活動を楽しむ。
内容	✚ つかまり立ちやつたい歩きをして、体を動かすことを楽しむ。	✚ つたい歩きが安定し、ひとり立ちができるようになる。
保育者の援助	● つかまり立ちやつたい歩きの際は、十分なスペースを確保し、転倒しないように見守る。	● 玩具でつまずき転倒しないように、環境を整える。
振り返り	● つかまり立ちの際、両手を離すこともあった。 ● 体のバランスを崩し転倒しないように見守っていく。	● 一人で歩くことができていたが、不安定で倒れやすかった。 ● 転倒することがないよう、そばで見守っていく。

ポイント！保育者の思い

安全な環境づくりを心がけ、目を離さないようにしましょう。

✚…健やかに伸び伸びと育つ　♥…身近な人と気持ちが通じ合う　♪…身近なものと関わり感性が育つ

12月 個人案 低月齢児・高月齢児

高月齢児 Cちゃん 1歳5か月（男児）	高月齢児 Dちゃん 1歳7か月（女児）
● 片づけのときに、玩具を放り投げることがあった。 ● 他児と関わることが増え、言葉を発することが増えた。	● 片言をよく発し、思いを伝えることが増えた。 ● 着脱や食事などの生活の場面で、自分でやろうとする姿が見られた。
♥♪ 他児と関わりをもとうとする。	✚ 身のまわりのことを、自分でやってみようとする。
♥♪ 保育者と一緒に他児とのやりとりを楽しむ。	✚ ズボンを自分で脱ぎ、履こうとする。
● 保育者も一緒に遊び、他児と楽しく関われるようにする。	● 近くで見守り、必要であれば援助し、本人が納得できるまで行えるようにしていく。
● 玩具の取り合いや自分の思い通りにならないときに、泣くことが多かった。 ● かみつきなどのトラブルが起きないよう、注意して見守る。	● ズボンを広げておくと、一人で足を入れて、途中まで履くことができていた。 ● 本児が求めるときだけ援助し、達成感を味わえるように関わっていく。

ポイント！保育者の思い

他児と関わりたい、自分でやりたい、という一人ひとりの気持ちを大切にしていきましょう。

12月 個人案 配慮事項・発達援助別

◉ CD-ROM → 📁 0歳児_個人案
→ 📁 p140-p143_12月の個人案（配慮事項・発達援助別）

	気になる子 ✚運動 10か月（男児） はいはいが苦手	発達援助 ♥言葉 1歳2か月（女児） 一語文を話し始めた
前月末の 子どもの姿	●はいはいをしようとするが、右足ばかりを動かし、左足は使わず引きずっているように見える。	●「ワンワン」「マンマ」などの有意味語を話すようになった。
ねらい	✚ひざ立ちやつかまり立ちをして机の上にある玩具で遊ぶ。	♥有意味語を発し、保育者と関わりをもとうとする。
内容	✚次の運動発達に目を向け、ひざ立ちやつかまり立ちをする。	♪絵本のなかに出てくるフレーズを模倣して楽しむ。 ♥保育者の発した言葉をまねする。
保育者の 援助	●ひざ立ちやつかまり立ちに適した高さの机を用意し、転倒に注意する。 ●机の上に玩具を置き、ひざ立ちやつかまり立ちを促す。	●発語をまねできるように、言葉を発するときは口元を見せる。 ●子どもの興味に近い絵本を読み聞かせ、関連づけた動作を見せて言葉の意味の理解を促す。
振り返り	●はいはいの形は自然に直ることはなかったが、つかまり立ちをしつたい歩きも見られ始めた。	●玩具を欲しがっていたときに、「貸して」と動作をつけながら保育者が言い、まねできるようにすると、語尾を発語するようになった。
保護者への 配慮事項	●整ったはいはいは必須ではないので、無理に直さなくて大丈夫であることを伝え、安心してもらう。	●簡単なフレーズのある絵本を家庭でも繰り返し読んでもらい、発語を促す関わり方をするように伝える。

ポイント！保育者の思い

これまでの運動の発達に遅れがある、つたい歩きのときに左右差があるなどの場合は専門機関への相談をすすめましょう。

言葉を発するときは、わかりやすく発音することを心がけます。

✚…健やかに伸び伸びと育つ　♥…身近な人と気持ちが通じ合う　♪…身近なものと関わり感性が育つ

気になる子 ♥言葉	発達援助 ✚食事
1歳4か月（女児） **言葉に反応しない**	1歳6か月（男児） **スプーンを使って食べる**
●保護者から聴力の問題があるとは聞いていないが、特に集団に対し呼びかけた言葉に反応を示さないことが多い。	●コップや器を自分でもち、上手に飲めるようになった。
♥人とのコミュニケーションを楽しみ、他者への関心を高める。	✚食具を使って食事をすることを楽しむ。
♥応答的な関わりをとおして、保育者や他児とのやりとりを楽しむ。	✚スプーンをもち、自ら口に食べ物を入れる。
●やりとり遊びや子どもの好きな遊びをとおして、応答的な関わりを重ねる。 ●すべての音に対する反応が薄い場合は、聴力の問題を疑う。	●フォークのさし方、スプーンのすくい方を手を添えて一緒に行いながら伝える。 ●必要なときのみ援助をし、自分で食べようとする気持ちを尊重する。
●聴力の問題は見られず、名前を呼ぶと喜んで反応することが増えた。	●スプーンの使用を強制しないように、食べ始めは手づかみで食べ、気持ちが落ち着いてからスプーンを使うように促した。
●聴力の問題が疑われる場合は、なるべく早く耳鼻科への受診をすすめる。	●スプーンを使っての食事を始めたことを伝え、家庭でも実践してもらうように伝える。

耳垢のつまり、中耳炎、軽度の難聴などによる聞こえの問題は気づきにくく、のちに言葉の遅れにつながる可能性があるため、注意深く観察しましょう。

自らの食べたいという気持ちを大切にし、必要な介助をします。

12月 乳児保育のポイント

保健　感染症の予防に努めましょう

換気と加湿が大事！

1時間に1回は換気を行います。乾燥しすぎはよくないので、加湿器やぬれたタオル、霧吹きなどを利用して室内の加湿にも気を配ります。湿度は50％前後が目安です。

感染拡大の防止を！

咳やくしゃみなどにより、ウイルスは空気中に飛散しています。保育者の手洗い、消毒の徹底が感染予防につながります。

RSウイルス感染症に注意を！（低月齢児）

1歳未満の乳児がかかりやすく、重症化、集団流行しやすい感染症です。鼻水や咳のほか、ぜいぜい、ひゅーひゅーという呼吸器症状が見られます。気管支炎や肺炎を引き起こすため、早期の治療が大切となります。

感染性胃腸炎（嘔吐下痢症）に注意を！（高月齢児）

激しい嘔吐と下痢、発熱が2～3日から1週間程度、続きます。生後半年から2歳くらいの子に多く感染する病気です。水分補給を十分にし、脱水症状を起こさないように気をつけなければなりません。

下痢、嘔吐の処置方法

【下痢】
- おむつからあふれるほどの水様便が出ることがある。
- 使い捨てのシートと手袋を使っておむつ交換し、お尻拭きできれいに拭きとる。
- おむつはビニール袋に入れ、保護者へ渡す。
- シートはビニール袋に入れて処分する。

【嘔吐】
- 汚物のついた服はビニール袋の中に入れる。
- 使い捨ての手袋、マスク、エプロンを着用し、嘔吐物の周囲（1～2m）を拭きとる。0.1％次亜塩素酸ナトリウムをしみこませた布などで床面を消毒する。
- エプロン等はビニール袋に入れて処分する。

食　離乳食中期の介助のしかた　7～8か月（モグモグ期）

介助のしかた

- 口に運べる適当な大きさをスプーンにのせます。
- 感知しやすく、つぶす動きを引き出せるように舌の前のほうにスプーンをもっていき、自分で口に取りこめるようにします。
- 食物のかたさは、つぶす動きが行われているか否かを確認して、調整してください。
- 座位がとれるこの時期以降の食事姿勢は足の裏が床や補助板につき、体幹が安定することが大切です。

口に押しこむのではなく、自分から食べるのを待つ。

checkポイント

口の中では、舌は上下に動き、食べ物を口の中の上側に押しつけてつぶして食べています。口角が左右に同時に引かれモグモグしているので咀しゃくしているように見えますが、あごは上下運動のみで左右には動かず、かんだりすりつぶしたりすることはできません。

遊びと環境

その① わらべうたで遊ぶ（低月齢）

用意するもの マット

繰り返し遊ぶなかで……
- 子どもが模倣できるわらべうたを取り入れ、まねや、やりとり遊びを楽しめるようにする。

環境のポイント
- 子どもの身体を動かすときは、目を合わせて、リラックスした状態で行いましょう。

活動の内容
- 「いもむしごろごろ」「ちょちちょちあわわ」など、わらべうたを楽しむ。
- 保育者の身体にふれる、揺らす、はいはいするなどの動作をしながら、子どもなりにその場の雰囲気やリズムを感じる。

わらべうたをする

> 12月 乳児保育のポイント

その② 絵本を見て遊ぶ（高月齢）

用意するもの 絵本（めくりやすい厚地のもの。自由に手にとれるところに複数の本を置く）

繰り返し読み聞かせていると……
- 自分で絵本のページをめくり、ながめて楽しむ子もいる。
- 保育者のところに自ら絵本をもってくるなど、読んでもらうことに期待を示す。

環境のポイント
- 子どもが興味をもっているテーマの絵本を用意しておきましょう。
- 数人が一緒に座り見られるコーナーを設けましょう。
- 絵本の内容をイメージしたり、楽しさを共有したりできるような読み聞かせをしましょう。

活動の内容
- 絵本を読んでもらうことを喜ぶ。
- 簡単な言葉の意味やおもしろさ、リズムの楽しさがわかり、気持ちを表現することを楽しむ。

絵本を見る

12月の文例集（低月齢児）

● CD-ROM → ■ 0歳児 _ 季節の文例集→ p146_12月の文例集 _ 低月齢児

前月末の子どもの姿
- こぼしながらも手づかみ食べを意欲的にする様子が見られた。
- 盛んにつたい歩きを楽しみ、行動範囲を広げていく様子が見られた。

養護のねらい
- けがや事故のないようにそばで見守り、自分でやってみたいという気持ちを尊重する。
- 体調の変化に留意し、天気のよい日は戸外での活動を楽しめるようにする。

健康・安全への配慮
- 感染症の予防や早期発見に努める。子どもたちはもちろん保育者も手指の消毒を行い、玩具の消毒も継続して行う。

ねらい
- ✚意欲的に食事をする。
- ♥表情豊かに保育者との遊びを楽しむ。
- ♪冬の自然のなかを歩くことを楽しむ。

内容
- ✚離乳食の完了に向けた食事の形態に慣れ、食べることを楽しみにする。
- ♥絵本を指差し、喃語で言葉を発したり、保育者に表情で気持ちを伝えようとしたりする。
- ♪冬の自然のなか、冷たい外気や雪にふれることを味わう。

環境構成
- 一口の分量が多いと丸呑みしてしまうことがあるので、口に運ぶ量を注意して見守る。
- 保育者のひざに座らせ、1対1の関わり合いのなか絵本を楽しめるようにする。
- 戸外へ出るときは外気温に注意し、なるべく暖かい時間に活動できるようにする。

保育者との関わりと配慮事項
- 一緒に口を動かし「かみかみね」「もぐもぐね」と、よくかんで食べるように声をかける。
- 自分でページをめくって話の展開を楽しみ、満足するまで読み聞かせる。
- いろいろなものを指差すことが多くなるため、注意を向けているものに気づき、ていねいに受け止めて言葉で反応する。

職員との連携
- 一人ひとりの離乳食のすすみ具合を把握し、離乳食の完了に向けて必要な援助ができるように情報を共有する。

家庭・地域との連携
- 園で他児と楽しんで遊ぶ姿を伝え、成長を喜び合う。
- 朝夕の冷え込みに対応できる服装での登園をお願いする。

食育
- 食材を手でつかんで口に運び、よくかんで食べる。

✚…健やかに伸び伸びと育つ　♥…身近な人と気持ちが通じ合う　♪…身近なものと関わり感性が育つ

12月の文例集（高月齢児）

CD-ROM → 0歳児_季節の文例集→p147_12月の文例集_高月齢児

前月末の子どもの姿

- 語彙が増え、意味のある単語を口にする子が多くなってきた。
- 他児に興味が強くなる一方で、玩具を取り合う姿も見られた。

養護のねらい

- 保育者に受け止めてもらうことで言葉を話す楽しさを感じ、気持ちを表現できるようにする。
- 他児との関わり合いのなかで、一緒に生活する楽しさを感じられるようにする。

健康・安全への配慮

- 嘔吐や下痢などの症状がないか確認し、感染症の予防に努める。
- 気温が低くなるため、室内の温度に気をつけ、乾燥しすぎない環境を保つ。

ねらい
- ✚トイレやおまるでの排泄に取り組む。
- ♥他児と一緒に過ごす時間を楽しむ。
- ♪集中して一人遊びを楽しむ。

内容
- ✚自分からおまるにまたがったり、トイレの便座に座ってみたりする。
- ♥保育者の読む絵本や紙芝居を他児と一緒に楽しむ。
- ♪ボールやミニカーなど、気に入った玩具で繰り返し遊びを楽しむ。

環境構成
- トイレは清潔さを保ち、キャラクターを貼るなど楽しい空間づくりをする。
- 他児と並んで座り、数人のグループで読み聞かせを楽しめるようにする。
- ゆったりとした空間で集中して遊べるコーナーをつくる。

保育者との関わりと配慮事項
- 便器に座るだけでもできたことはその都度おおいにほめ、自信がもてるようにする。
- 絵本のなかの言葉を模倣して発することを楽しめるように、言葉のおもしろさやリズムを大切に読み聞かせる。
- 他児と玩具の取り合いが起きないように、十分な数の玩具をそろえておく。

職員との連携

- 徐々に自分で排泄ができるように、一人ひとりの様子を把握し、トイレトレーニングをスタートさせる時期を話し合う。

家庭・地域との連携

- トイレに行くとき、自分で脱ぎ着ができるよう、ゆとりのあるズボンを用意してもらう。

食育

- 自分の席で食事が提供されるのを待ち、保育者をまねて食事のあいさつをする。

✚…健やかに伸び伸びと育つ　♥…身近な人と気持ちが通じ合う　♪…身近なものと関わり感性が育つ

1月 月案・低月齢児

1月　低月齢児　月案　いちごぐみ
担任：A先生

今月の保育のポイント

年末年始の間は家庭で過ごす時間が長くなるため、休み明けには子どもの体調や成長の様子を保護者からしっかりと伝えてもらうようにします。その後は徐々に園での生活リズムを取り戻していき、思いきり体を動かして楽しめるようにしましょう。

前月末の子どもの姿
- はいはいやつたい歩きなどでの探索活動が活発になってきた。
- 戸外では寒いせいか、あまり体を動かせない子どももいた。
- 手づかみ食べをする子が増えてきた。

	ねらい	内容
健やかに伸び伸びと育つ	● 食事への意欲が増し、自分で食べる喜びを感じる。 ● 指先を使った微細な運動をしようとする。	● 意欲的に食具をもって食べようとしたり、新しい食材も食べてみようとする。 ● 食具と同じ大きさくらいの玩具を握ったりつまんだりする遊びを楽しむ。
身近な人と気持ちが通じ合う	● 遊びや生活のなかで、自分の思いを簡単な単語や喃語で伝えようとする。	●「ねんね」「ないない」など、意味のある一語文で思いや欲求を表す。
身近なものと関わり感性が育つ	● さまざまな素材の感触を指先で楽しむ。 ● 保育者と絵本を見ることを楽しむ。	● 指先でクレヨンやシールなどをつまみ、紙に描いたり、貼りつけたりすることを楽しむ。 ● 絵本『がたん ごとん がたん ごとん』を保育者に読んでもらい、言葉の繰り返しを楽しむ。

職員との連携
- 感染症が流行しやすい時期なので、部屋の換気や室温・湿度の調整を保育者間で協力して行い、予防に努める。
- 感染源とならないように、保育者も手洗い、消毒を徹底することを共有する。

家庭・地域との連携
- 年末年始の休みに、家庭でどのように過ごしたのか伝えてもらい、子どもの状況を把握する。
- 体調不良やけがなどがないか、確認しておく。

※乳児保育の場合、特に養護と保育内容は一体的に展開されるものですので、
　ねらいと内容を設定するときには養護の要素も含めて考えることが大切です。

養護のねらい

- 遊びや生活をとおして、安心して思いを表せるよう関わる。
- 年末年始の休みで生活リズムが乱れることが予想されるため、少しずつ園での1日の生活リズムを整えていけるよう支援する。

健康・安全への配慮

- 部屋の換気や室温の調整などをこまめに行い、インフルエンザや胃腸炎などの感染症予防に努める。
- 一人ひとりの健康観察をていねいに行い、異変を見逃さないようにする。

行事

- おもちつき
- 身体測定
- 誕生会
- 避難訓練

1月 月案・低月齢児

環境構成	保育者の関わりと配慮事項
● 保育者も一緒になって食事をとり、「おいしいね」「甘いね」など声をかけながらおいしく食べられる雰囲気づくりをする。 ● ブロックや積み木など、食具と同じような大きさの玩具を準備しておく。	● 苦手な食材は少し小さめに切るなど工夫する。汁碗で飲むときは保育者が手を添え、介助する。 ● 玩具は口に入れることがあるので消毒しておき、そばで保育者が見守る。
● 意思表示をしやすいように、欲求などのしぐさに対して、「ねんね、したいのね」などと共感的な言葉で返す。	● 思いを代弁したり共感したりしながら、言葉でやりとりをする機会を増やしていく。
● 集中して遊びに取り組めるように、スペースを区切って少人数で行うなどの配慮をする。 ● 1対1で読み、ゆったりとした雰囲気をつくる。	● 指先がうまく使えない子どももいるが、手伝わずに見守り、少しでもできたことを喜び合う。 ● 絵本は子どもの反応を見ながら表情豊かに読んでいく。

食育

- 食具に興味をもち、自分で握って食べようとする。

反省・評価のポイント

- 指先を使う遊びを適切に設定できたか。
- 一人ひとりの思いをしっかりと受け止めることができたか。
- 他児との関わりが増えるなかで、間に入って、トラブルにならず遊べるように配慮できたか。

1月 月案・高月齢児

1月　高月齢児　月案　いちごぐみ
担任：B先生

今月の保育のポイント

年末年始の休みで長い期間、家庭で過ごすことになります。休み明けは生活リズムが崩れていることがあるほか、甘えたい気持ちが強くなることも予想されるため、少しずつ園での1日の生活リズムを整えていくようにしましょう。

前月末の子どもの姿

- 他児と自ら手をつないで歩こうとする姿が見られた。
- 自分の思いが通らないときに、他児を押しのけるしぐさをする子もいた。
- 衣服の着脱に興味をもち、自分でも着替えをやってみようとしていた。

	ねらい	内容
健やかに伸び伸びと育つ	● 簡単な身のまわりのことに興味をもち、自分でやってみようとする。	● 鼻水が出たら、自分でティッシュを使って拭こうとする。 ● ズボンや靴下を履く手順の一部を自分でやってみようとする。
身近な人と気持ちが通じ合う	● 他児と生活や遊びの時間を共有する。	● 保育者の仲介で他児とままごとをしたり電車遊びをしたりして楽しむ。
身近なものと関わり感性が育つ	● 指先を使う遊びを楽しむ。	● 小麦粉粘土をちぎったり、こねたりして遊ぶ。 ● 玩具を容器に入れる、出す、落とすなどさまざまな動きを存分に楽しむ。

職員との連携

- 大胆な行動が増えてくるため、事故が起きない環境づくりを保育者間で考える。
- 階段の上り下りなどで体を動かす遊びでは、子どもの動きをしっかりと見守ることができるよう、適切に人員を配置する。

家庭・地域との連携

- 年末年始の休みに、家庭でどのように過ごしたのかを伝えてもらい、子どもの状況を把握する。
- 体調不良やけがなどがないか、毎日きちんと確認していく。

※乳児保育の場合、特に養護と保育内容は一体的に展開されるものですので、ねらいと内容を設定するときには養護の要素も含めて考えることが大切です。

養護のねらい

- 子どもが自分で身のまわりのことをやってみようとする気持ちを認め、適切な援助を行う。
- 生活や遊びのなかで、他児と一緒に過ごすことができるよう環境を設定する。

健康・安全への配慮

- 年末年始の長い休みで生活のリズムが変わっているため、徐々に園生活のリズムを整えられるようにする。
- インフルエンザや胃腸炎などの感染症が流行しやすいので、部屋の換気や室温・湿度の調整などに注意する。

行事

- おもちつき
- 身体測定
- 誕生会
- 避難訓練

1月 月案・高月齢児

環境構成	保育者の関わりと配慮事項
●必要なときすぐに使えるよう、ティッシュを子どもたちの手の届く場所に置いておく。 ●ごみ箱も近くに置き、捨てることを習慣にしていけるようにする。 ●着脱しやすいように、ズボンや靴下の履き口のゴムを広げておく。	●慣れないうちは保育者が見本を見せて、鼻水の拭き方を伝える。気持ちよくなったことを共有し、自分でもできるようになりたいという気持ちを引き出す。 ●自分でやりたいという気持ちを受け止めて大切にし、様子を見ながら援助する。
●なわとびをレールに見立てて配置し、電車遊びに使えるようにしておく。	●他児に興味をもつと同時に、押したり、引っ張ったりすることがあるので、関わり方をていねいに伝えるようにする。
●小麦粉粘土は1人分のかたまりに分けて用意しておく。 ●手づくりの容器と玩具を用意する。	●小麦粉粘土の感触に抵抗があってふれない子は、遊んでいる様子を見ることから始め、保育者も一緒に触って遊ぶことで興味をもてるようにしていく。 ●保育者が遊んでみせて、興味をもった子から遊べるようにする。

食育

- 皆で一緒に食事の前のあいさつをする。
- 自ら食具をもって、積極的に食べる。

反省・評価のポイント

- 身のまわりのことを自分でやってみたいという気持ちを受け止めることができたか。
- 他児と関わるなかでトラブルがあったときに、気持ちを代弁して共感的に関わることができたか。
- 他児との関わりを促せる遊びを提供できたか。

1月 個人案 低月齢児・高月齢児

CD-ROM → 0歳児_個人案
→ p152-p155_1月の個人案（低月齢児・高月齢児）

	低月齢児 Aちゃん 12か月（女児）	低月齢児 Bちゃん 1歳3か月（男児）
前月末の子どもの姿	●「バイバイ」など保育者のしぐさをまねすることがあった。 ● 食具に興味を示していた。	● 指を差しながら、片言で話すことが増えた。 ● 他児が絵本を読んでもらっているのを見て、自分も読んでほしそうにする姿が見られた。
ねらい	♥ 保育者のしぐさをまねて、やりとりを楽しむ。	♪ 好きな絵本を保育者に読んでもらうことを楽しむ。
内容	♥ 一語文やしぐさで、保育者に思いを伝える。	♪ 保育者のところに自分から絵本をもってきて、読んでもらったり、絵本の言葉を繰り返し口にしたりして楽しむ。
保育者の援助	● 一語文や指差しにていねいに応じて、一緒に笑い合うなど楽しい雰囲気をつくる。	● 自由に手にとれる所に複数の絵本を置き、好きな絵本を選べるようにする。
振り返り	● 機嫌がよいと一語文をよく発し、保育者とのやりとりを楽しんでいた。 ● 関わり合いのなかで、気持ちが満たされるように、応答的に関わっていく。	●『だるまさんが』を読み聞かせすると、声を出して喜ぶ姿が見られた。 ● 自分から絵本をめくる姿も見られたので、引き続き本児の好きな絵本を読み聞かせていきたい。

ポイント！保育者の思い

大人のしぐさをまねて喜ぶ時期なので、繰り返し関わり、応答的なやりとりを楽しめるようにしましょう。

✚…健やかに伸び伸びと育つ　♥…身近な人と気持ちが通じ合う　♪…身近なものと関わり感性が育つ

1月 個人案 低月齢児・高月齢児

高月齢児 Cちゃん 1歳6か月（男児）	高月齢児 Dちゃん 1歳8か月（女児）
♪ものや場所の取り合いで、他児を押したり、つかもうとしたりする姿が見られた。 ♪自分の持ち物がわかり、身につけようとするしぐさが見られた。	♪歩行のとき、足もとを見ておらず、低い段差でもつまずくことがあった。 ♪ズボンを途中まで履かせると、自分で履くことができていた。
♥遊びをとおして、他児との関わりを楽しむ。	✚生活の場面で、身のまわりのことを自分でやろうとする。
♥生活の再現遊びをしながら、保育者と一緒に他児とのやりとりを楽しむ。	✚帽子や靴下を脱いで、保育者に渡す。
♪目の前にいる他児を押したり、腕を引っ張ったりすることがあるため、その都度思いを受け止めて関わる。	♪靴下や帽子を引っ張って脱ごうとしているときは見守り、できないときはさりげなく手伝いながら、できた喜びを感じられるようにする。
♪自分の思いが通らないと、床に頭をぶつけて泣くことがあった。 ♪本児の気持ちを受け止めて共感し、けがのないように、そばで見守るようにしていく。	♪一人でできたときがあったら、「上手だね」と声をかけた。 ♪意欲を尊重し、手を出しすぎないように見守っていく。

ポイント[保育者の思い]

他児とのやりとりで思い通りにならないことがあったときには、その都度子どもの思いに寄り添って関わることが大切です。

1月 個人案 配慮事項・発達援助別

◎ CD-ROM → ■ 0歳児＿個人案
→ ■ p152-p155_1月の個人案（配慮事項・発達援助別）

	発達援助 ✚健康・安全 11か月（男児） 感染症にかかり休みがち	気になる子 ✚食事 12か月（男児） 給食をあまり食べない
前月末の 子どもの姿	● 体調を崩すことが多く、休みがちだった。	● 給食をなかなか食べず、多くを残してしまう。
ねらい	✚ 登園したときは、園で落ち着いて過ごす。	✚ 楽しい雰囲気のなかで、自発的に給食を食べる。
内容	✚ 食事と睡眠を十分にとり、生活リズムを整える。	✚ 楽しい雰囲気のなかで、保育者や友だちとの食事を楽しむ。 ✚ さまざまな味や食感の食材に慣れる。
保育者の 援助	● 体調を崩しやすいため、戸外での活動時間は短くし、室内でゆったり過ごせるようにする。 ● 鼻水をこまめに拭き取ったり、気温に合った服装をしたりするなど、体温調節の配慮をする。	● 楽しい雰囲気をつくり、少しでも口に入れられたらほめる。 ● 食材の大きさややわらかさを調整したり、スプーンを握らせたりしてみる。
振り返り	● 園ではゆったりした時間が過ごせるように、様子を見ながら活動量を考えるようにした。	● スプーンを握らせると喜び、スプーンを使おうとしつつ、手づかみで食べることが増えた。
保護者への 配慮事項	● こまめに熱を測るなど園での対応を伝え、体調の悪くなったときの対処方法を確認し合う。	● 食が細い子も成長すれば食べるようになる場合がほとんどなので、食事を楽しむことを第一にしてもらう。

ポイント！ 保育者の思い

体調を崩している子とは、距離を置いて午睡するようにします。

特定の食材、味つけだけを嫌がるのであれば、味覚や触覚の偏りの可能性を考え、無理強いしないようにしましょう。

✚…健やかに伸び伸びと育つ　♥…身近な人と気持ちが通じ合う　♪…身近なものと関わり感性が育つ

気になる子　✚健康・安全	発達援助　✚身のまわり
1歳4か月（女児） **午睡したがらない**	**1歳7か月（女児）** **自分で着替えようとする**
●午睡時になっても遊んだりおしゃべりしたりしてしまい、なかなか眠ろうとしない。	●靴下を自分で脱ごうとしたり、上着を着ようとしたりする姿が見られた。
✚生活リズムを整え、午睡のリズムをつかむ。	✚保育者の介助のもと、自ら着替えをしようとする。
✚覚醒時は活発に遊び、午睡時は心地よく入眠する。 ✚遊びたい気持ちを受け止められ、納得して午睡の準備をする。	✚自分でズボンを引き上げたり、上着から顔を出したりする。
●午前中の活動量を調節し、ほどよい疲れ具合になるようにする。 ●体をリラックスさせるマッサージをしたり、寝具や寝る場所の環境を調整したりする。	●ズボンの着脱ができるように、手を添えて一緒にゴムを広げたり、引っ張る動作を教えたりする。 ●袖の通し方やズボンの上げ方のコツを声かけして伝えていく。
●少し厚くて重い寝具に替えると、安心して寝られるようになった。	●途中まで介助すると、途中から自分でやろうとする姿が見られたので見守った。自分でやるということに達成感をもっているようだった。
●家庭での夜間や休日の生活リズムを聞きとり、記録をとる。	●着替えはすべて保護者が行うのではなく、自分で着脱しようとする姿を見守ることを伝える。

好きなキャラクターのパジャマや寝具に替えると、すすんで寝るようになることもあります。

意欲を大切にし、自信につながるよう声かけをします。

1月　個人案・配慮事項・発達援助別

1月 乳児保育のポイント

保健　事故が起きてしまったら

呼吸が止まっていたら（心肺蘇生法）

 足裏を指ではじくなど刺激を与え、反応を確認する

 反応がなければ周囲に助けを求め、119番とAEDの準備

3 10秒間で呼吸の確認

腹部と胸の動きを見て、呼吸があるかどうかを見る。

4 呼吸がなければ胸骨圧迫とAED使用

→ 胸の厚みの1/3まで押し下げる程度の力で、1分間に100～120回圧迫する。
→ 胸骨圧迫30回と人工呼吸2回を交互に行う。

（1歳未満の場合……）
2本指で、左右の乳頭を結ぶ線の中心から少し足側の部分を押す。

（1歳以上の場合……）
左右の乳頭を結ぶ線の中心に手のひらのつけ根を置く。

誤飲してしまったら

【固形物の場合】

（1歳未満）

頭を下に向け、肩甲骨（けんこうこつ）の間を平手で叩く。

（1歳以上）

後ろから抱きかかえ、みぞおち辺りを両手で圧迫する。

【液体の場合】

口の中に残っているものがあればぬれガーゼなどで取り除き、可能であれば口をすすぐ。飲んだものによって手当が異なるので、中毒110番などで確認する。

大阪中毒110番（24時間対応）
072-727-2499
つくば中毒110番（9～21時）
029-852-9999

手洗いで冬を健康に過ごそう！

手はあらゆるものにふれるので最も汚れやすく、ウイルスのついた手で目をこすったり、鼻や口にふれたりすることで感染するといわれています。0歳児クラスではおしぼりを使って拭くことがほとんどですが、つたい歩きができる1歳ごろになると、手洗いができるようになります。使いやすい液体泡石けんを用意し、手を洗ったあとには清潔になったことを実感できるように「きれいになったね」と声かけします。手拭きタオルは、個人別のものを用意しておきましょう。

食　離乳食後期の介助のしかた
9～11か月（カミカミ期）

介助のしかた

やわらかすぎると、食べものをすりつぶす力が発揮されず、かたすぎると丸呑みしてしまう。歯茎でつぶせるちょうどよい形状のものを与える。つまんで少し力を入れるとつぶれるくらい。

- 手づかみ食べをするようになるため、エプロンをしたり、テーブルの下にシートを敷いたり、汚れてもいい環境にしてから食事をします。
- 好き嫌いが出てくるころですが、いろいろな味や食材を経験させます。
- 自分でかめない食物でも口に押しこみ、窒息事故となる恐れがあるため、十分注意しましょう。
- 手指が自由に動かせるテーブルを準備し、姿勢は上体が垂直よりやや前傾になるようにしましょう。

checkポイント

モグモグ

- 舌でつぶせないかたさを感じると、あごを左右に使って、かんだりすりつぶしたりするようになります。
- かむことができると、口角はかんでいるほうに引っ張られる動きをします。左右で違う動きができると、発達しているという評価ができます。

遊びと環境

その① 絵本を見て遊ぶ（低月齢）

用意するもの 絵本（めくりやすい厚地のもの）

活動の内容
- 絵本を読んでもらうことを喜ぶ。
- 絵本をじっと見たり、保育者の声に笑顔を見せたり喃語を発して気持ちを表現したりする。

絵本を見る

環境のポイント
- 保育者と1対1で、ゆったりと絵本を見る環境を設定しましょう。
- 簡単な繰り返しの言葉が入った絵本（『いないいないばあ』『がたんごとんがたんごとん』など）を準備し、表情豊かに話すようにしましょう。

1月 乳児保育のポイント

その② 玩具を入れたり出したりして遊ぶ（高月齢）

用意するもの 手づくりの容器と容器に入れる玩具
（積み木、ハンカチなどの布、すずなど音の鳴るもの、安全で清潔なもの）

玩具を入れたり出したりする

活動の内容
- 保育者や友だちの動きを見てまねをし、手指を使ってじっくり遊ぶ。
- 容器から布などを引っ張り出したり、容器の穴に玩具を入れたりすることを繰り返し楽しむ。

環境のポイント
- 入れる、出す、落とすなど、さまざまな行為を思う存分できる玩具を用意しましょう。

1月の文例集（低月齢児）

● CD-ROM → 📁 0歳児 _ 季節の文例集 → p158_1月の文例集 _ 低月齢児

前月末の子どもの姿

- 他児に興味を示し、遊んでいるところへ近づく姿が見られた。
- 「ワンワン」「マンマ」などの一語文を盛んに発するようになった。

養護のねらい

- 思いを受け止めてもらえる安心感のなかで、子ども自身が意思表示できるように関わっていく。
- 体温調節に注意し、感染症にかからず健やかに過ごせるようにする。

健康・安全への配慮

- 休み明けは生活リズムが乱れがちなので、朝の受け入れ時の健康観察をしっかりと行う。
- 室内の温度と湿度に気をつけ、こまめな換気を行う。

ねらい

- ✚ 全身を使って身体を動かすことを楽しむ。
- ♥ 他児に興味をもち、一緒の場を過ごすことを楽しむ。
- ♪ 冬ならではの戸外での活動を楽しむ。

内容

- ✚ 登る、降りるなど、斜面での遊びを楽しむ。
- ♥ さまざまな年齢の子どもたちとのふれあいを楽しむ。
- ♪ 戸外へ出かけ、雪や氷などの自然物にふれて親しむ。

環境構成

- 巧技台やマットで斜面や段差をつくっておく。
- 別のクラスを訪れ、異年齢児と遊ぶ機会を設ける。
- 寒い日が続くので、子どもの体調をよく観察し、無理のない活動時間を設定する。

保育者との関わりと配慮事項

- 斜面や段差に慣れず、転んだりすることがあるので、子どものそばで必要に応じて手助けする。
- 身体の発達状況に差があるため、他クラスで一緒に遊ぶときは安全面に配慮する。
- 行動範囲が広くなり、厚着で転倒も起こりやすくなるため、注意して見守る。

職員との連携

- RSウイルスなどの感染症が流行しないように、年長児や保育者のうがい・手洗いを徹底する。
- 保育室の消毒をし、環境衛生に取り組むようにする。

家庭・地域との連携

- 年のはじめには、正月休み中に何か変わったことがなかったか、保護者に確認する。
- 戸外で暖かく活動できるようにベストやレッグウォーマーなどの動きやすい防寒着を用意してもらう。

食育

- 七草がゆなど、この季節ならではの食事を楽しむ。

✚…健やかに伸び伸びと育つ　♥…身近な人と気持ちが通じ合う　♪…身近なものと関わり感性が育つ

1月の文例集（高月齢児）

CD-ROM → 0歳児_季節の文例集→p159_1月の文例集_高月齢児

前月末の子どもの姿
- 寒い日が続いたため、体調を崩して休む子が増えた。
- 尿意を感じると保育者に知らせてくる子や、おまるに自分からまたがる子が増えた。

養護のねらい
- 保育者に欲求を受け止めてもらい、共感してもらうことで、関わり合いの楽しさを感じられるようにする。
- 天候が悪く戸外へ出かけられない日も十分に身体を動かし、探索活動を楽しめるようにする。

健康・安全への配慮
- 室内の湿度や温度の管理やこまめな換気を徹底することで感染症予防に努める。
- 感染症の予防対策は他のクラスとも連携して園全体で行う。

ねらい
- ✚尿意を感じたらトイレで排尿しようとする。
- ♥他児と同じ遊びを楽しむ。
- ♪気に入った絵本を満足いくまで楽しむ。

内容
- ✚保育者とトイレに行き、便器に座って排尿しようとする。
- ♥保育者のそばで、他児と一緒にごっこ遊びや模倣遊びを楽しむ。
- ♪自ら絵本をめくって絵を指差したり、声を出したりして自分なりに楽しむ。

環境構成
- トイレへの動線に障害物がないよう片づけておき、照明も明るくして、保育者と一緒に気持ちよくトイレに行ける環境を整える。
- 他児との玩具の取り合いを防ぎ、一人ひとりが好きな玩具で遊べるよう、同じ玩具を複数用意しておく。
- 発達状況に合った絵本を表紙が見えるように置いておく。

保育者との関わりと配慮事項
- 一人ひとりの排尿間隔を把握し、適切なタイミングで便器に行くよう促す。
- 「○○ちゃんと同じだね」など、他児と同じ遊びをしていることを意識できる声かけをする。
- 絵本を子どもと一緒に楽しむ声かけを行い、気に入った絵本が繰り返し楽しめるようにする。

職員との連携
- インフルエンザなどの感染症が流行しやすい時期なので、一人ひとりの体調や通院状況を共有しておく。

家庭・地域との連携
- 他児とのささいなトラブルも出てくるが、成長過程の一環としてとらえてもらうよう理解を促す。

食育
- 苦手な食べものにも挑戦できるように、保育者とやりとりしながら、楽しい食事の時間を過ごす。

✚…健やかに伸び伸びと育つ　♥…身近な人と気持ちが通じ合う　♪…身近なものと関わり感性が育つ

2月 月案・低月齢児

CD-ROM → 0歳児_月案
→ p160-p163_2月の月案（低月齢児）

2月　低月齢児　月案　いちごぐみ
担任：A先生

今月の保育のポイント

歩き始める子どもが増えてくるとともに、保育者と喃語でコミュニケーションをとろうとする姿が多くみられます。友だちにも興味をもって関わろうとするため、楽しく遊べるように保育者が仲立ちして、関わり合いが楽しめる環境をつくるように心がけましょう。

前月末の子どもの姿

- バイバイなどのしぐさをまねする姿が見られた。
- 喃語をよく発し、保育者とのやりとりを楽しむ様子が見られた。
- ゆっくりだが歩行ができる子が出てきた。

	ねらい	内容
健やかに伸び伸びと育つ	● 生活の習慣を理解し、自ら行おうとする。 ● 体を動かし、活発に遊ぶ。	● 食べる前に手を拭いたり、エプロンをつけたりしようとする。 ● リズムに合わせて体を動かして遊ぶ。
身近な人と気持ちが通じ合う	● いろいろな言葉を発し、保育者とのやりとりを楽しむ。	● 簡単な言葉や語尾をまねして楽しむ。
身近なものと関わり感性が育つ	● さまざまな感覚を働かせて冬の自然を楽しむ。	● 園庭で雪や氷の冷たさにふれ、冷たさに驚いたり感触を味わったりする。

職員との連携

- ふだんと様子が違う子どもがいたら、職員間で伝え合って情報を共有する。体調に異常が見られたらすぐに対応できるようにしていく。
- 保育者も手洗いを徹底し、感染を広げないように気をつけることを共有する。

家庭・地域との連携

- 外気温との差が大きいため、着脱しやすい衣服を用意してもらう。
- インフルエンザなどの感染症が流行する時期なので、発熱や下痢など体の状態や機嫌、食欲の様子などについて、家庭と園での状態を共有していく。

※乳児保育の場合、特に養護と保育内容は一体的に展開されるものですので、
ねらいと内容を設定するときには養護の要素も含めて考えることが大切です。

養護のねらい

- 自分でエプロンをもって席に着くなど、食事の習慣を覚え、自分でやりたいという思いを育てる。
- 安心できる雰囲気のなかで自分の思いを言葉や表情、しぐさで表すことができるよう関わる。

健康・安全への配慮

- 感染症のまん延を予防するため、おむつ換えシートを正しく管理し、室内の換気もこまめに行うようにする。
- 室内と室外の気温差があるので、衣服で調節する。特に室内では厚着になりすぎないように注意する。

行事

- 節分（豆まき）
- 生活発表会
- 身体測定
- 誕生会
- 避難訓練

2月　月案・低月齢児

環境構成	保育者の関わりと配慮事項
・ていねいに優しく「おててきれいにしよう」と声かけをすることで、やってみようと思えるような雰囲気をつくる。 ・「おもちゃのチャチャチャ」「いないいないばあっ！」などさまざまな曲を準備し、1日のなかでリズム遊びの機会を増やす。	・自分でやろうとする気持ちを大切にし、またやってみようと思えるように関わっていく。 ・保育者も大きく体を動かし、まねしやすい動作を心がける。
・楽しみながら発語を促すように、繰り返し好きな絵本『いないいないばあ』『じゃあじゃあ びりびり』を読んだり歌を歌ったりする。	・子どもたちがまねしやすいように言葉を繰り返したり、ゆっくりとした発音を心がけたりする。 ・子どもが発した言葉やしぐさから気持ちをくみとり、一つひとつていねいに応答することで楽しいと感じられるように関わる。
・ぬれたときにはすぐに拭けるよう、タオルやぬるま湯を用意しておく。	・「雪がきれいだね」「空気が冷たいね」などと声をかけ、子どもの気持ちを代弁するように関わる。

食育

- 食べこぼしに気づいて指差ししたり、声を発したり、お碗に手を添えて食べようとしたりする。

反省・評価のポイント

- 適切な声かけにより、自分でやってみようと思えるように関われたか。
- 生活や遊びの場面で、思いや気持ちを伝えようとする姿を受け止めることができたか。

2月 月案・高月齢児

◎ CD-ROM → 📁 0歳児 _ 月案
→ 📁 p160-p163_2月の月案（高月齢児）

2月　高月齢児　月案　いちごぐみ
担任：B先生

今月の保育のポイント

寒い日が続きますが、後半になると徐々に気候が暖かくなるため、季節の変化に気づけるように園庭や公園などの戸外での活動も増やしていきましょう。また、日常生活で必要な言葉がだんだんわかるようになってきます。童謡や、手遊びうたなどをとおして、楽しく発語できる環境をつくりましょう。

前月末の子どもの姿

- ズボンを途中まで履くのを手伝うと、最後は自分で履くことができる子もいた。
- 他児とトラブルがあったときに、保育者に身振りや表情で訴えることがあった。

	ねらい	内容
健やかに伸び伸びと育つ	● 身のまわりの生活の習慣を理解し、自ら行おうとする。 ● 戸外で好きな遊びをみつけ、全身を使って活発に遊ぶ。	● 衣服を自分で着ようとしたり、食前に手洗いをしたりする。 ● ボール遊び、坂をゆっくりと上るなど、好きな遊びをみつけて楽しむ。
身近な人と気持ちが通じ合う	● 保育者と一緒に歌いながら発語する。 ● ままごと遊びをとおして、保育者や他児と一緒に過ごす楽しさを感じる。	● 童謡や手遊びうたを保育者と一緒に歌い、手遊びうたに合わせて発語する。 ● お皿に玩具のご飯を乗せて運ぶなどして、保育者や他児とままごと遊びを楽しむ。
身近なものと関わり感性が育つ	● 指先を使ったさまざまな遊びを楽しむ。	● 型おとし、型はめなどを楽しむ。 ● クレヨンで自由に描くことを楽しむ。

職員との連携

- 各クラスのインフルエンザなどの感染症の発生状況を、職員同士で共有しておく。
- 来月からの異年齢交流について、幼児クラスの担任と打ち合わせておく。

家庭・地域との連携

- 室内で厚着になりすぎないよう、着脱しやすい衣服を用意してもらう。
- インフルエンザや感染症が流行する時期なので、クラス内の感染症の発生状況や情報を保護者と共有する。

※乳児保育の場合、特に養護と保育内容は一体的に展開されるものですので、
　ねらいと内容を設定するときには養護の要素も含めて考えることが大切です。

 養護のねらい

- 愛情をもって見守られているという雰囲気のなかで、安心して園生活を送る。
- 保育者と信頼関係を深め、人と関わることに楽しさや心地よさを感じられるようにする。

 健康・安全への配慮

- 感染症の流行を防ぐため、こまめに換気をして室内を清潔に保つ。
- 自立し、歩行する子が増えたため、保育室内でけがをしないように、ロッカーや棚にクッション性のあるテープを貼るなどの対策をとる。

 行事

- 節分（豆まき）
- 生活発表会
- 身体測定
- 誕生会
- 避難訓練

2月　月案・高月齢児

環境構成	保育者の関わりと配慮事項
●自分でやりたい意欲を尊重できるように、時間に余裕をもたせたスケジュールにしておく。 ●斜面を逆走して他児とぶつかるなどの事故が起きないよう、斜面の両端に保育者を配置する。	●手助けを拒む子どもには、納得するまで自分で行えるようにそばで見守り、必要なときだけさりげなく手を貸す。 ●転倒やけががないよう十分目配りする。
●ゆっくりと子どもたちのペースで歌うことで、歌うことの楽しさを感じるようにし、発語しやすい雰囲気をつくる。 ●同じ玩具を一緒に使うことが多いため、取り合いが起きないように十分な数の玩具を用意する。	●発語の意欲を引き出すように「楽しいね」「上手だね」といった声をかける。 ●子ども同士の要求が合わないときは間に入り、気持ちを代弁することで楽しく遊べるように関わる。
●子どもたちが楽しめる簡単な型おとし、型はめをいくつか用意しておく。 ●クレヨンと紙を用意し、落ち着いて描けるよう一人ひとりのスペースをつくっておく。	●はめるのが難しいときは、パーツの名前を言ったり、手を添えたりして、興味をもてるようにする。 ●一人で集中して遊んでいたり描いていたりしているときは、他児が来て集中が途切れないよう近くで見守る。 ●「上手に描けたね」など、子どもたちがまたやりたいと思えるような言葉がけをする。

 食育

- 苦手なものを食べてみようとしたり、自分で食具やコップをもって食事をしようとしたりするなど、意欲的に食事をする。

反省・評価のポイント

- 保育者が仲立ちをすることで、子ども同士でやりとりが楽しめていたか。
- 衣服を自分で着ようとしたときに、納得するまで自分で行えるようそばで見守ることができたか。

2月 個人案 低月齢児・高月齢児

CD-ROM → 0歳児_個人案
→ p164-p167_2月の個人案（低月齢児・高月齢児）

	低月齢児 Aちゃん 1歳1か月（女児）	低月齢児 Bちゃん 1歳4か月（男児）
前月末の 子どもの姿	・手を離して数歩、歩けるようになった。 ・他児に興味を示し手を伸ばすが、関わり方がわからず叩いてしまうこともあった。	・安定して歩行ができるようになってきた。 ・嫌なことがあると、抱っこを求めて泣いて訴えることが増えた。
ねらい	・遊びをとおして、他児との関わり合いを楽しめるようにする。	・要求や欲求をしぐさや一語文で伝える。
内容	・保育者の仲立ちのもと、他児とのやりとりを楽しむ。	・甘えたいとき、不安なときにしぐさや一語文で気持ちを保育者に伝える。
保育者の 援助	・他児と玩具の取り合いなどで手が出ることがあるため、本児の思いを受け止め、仲立ちをしながら関わり合い方を伝える。	・要求やしぐさに対し、言葉で返し共感することで意思表示できるように促していく。
振り返り	・他児に玩具をとられそうになると声を出して嫌がる姿が見られた。 ・気持ちを代弁し、他児との関わり方をていねいに伝えていく。	・思いが通らないときに後ろに倒れて泣いてしまうことがあった。 ・気持ちを受け止め、思いを代弁し、共感しながら言葉を促していく。

ポイント！ 保育者の思い

自己主張が強くなる時期です。思いをうまく伝えられず、泣いてしまうときには、まずは気持ちを受け止めてあげることが大切です。

✚…健やかに伸び伸びと育つ　♥…身近な人と気持ちが通じ合う　♪…身近なものと関わり感性が育つ

高月齢児 Cちゃん 1歳7か月（男児）	高月齢児 Dちゃん 1歳9か月（女児）
●絵本『まる、しかく、さんかく』を保育者に読み聞かせてもらうのを気に入っている。 ●クレヨンでの描画遊びを楽しむ姿が見られた。	●歩行は安定してきたが、興味のあるものに目が向き、ふらふらすることもあった。 ●トイレに興味を示す姿が見られた。
♪自由に描いたり貼ったりすることを楽しみ、さまざまな色味や形に親しむ。	✚便器での排泄に興味をもって取り組む。
♪クレヨンやペンなどを使って自由に描いたり、好きな色のシールを貼ったりして遊ぶ。	✚自分から便器に座ってみる。 ✚♥排尿した際、しぐさや言葉で保育者に伝える。
●好きな色が選べるよう、さまざまな色のクレヨン、ペン、シールを用意しておく。 ●子どもが描いた絵について「きれいなまるだね」「あかだね」など色味や形についても興味が向くような声かけをする。	●おむつがぬれていても「座ってみようか」と声をかけ、座る経験をつくれるようにする。
●スペースを区切って遊べるようにすると集中して取り組んでいた。 ●引き続き本児が好きな、指先を使った遊びを楽しめるようにしていきたい。	●成功することはなかったが、興味を促すことはできた。 ●無理強いはせず、本人の意思でできるように声かけをしながら誘っていく。

ポイント「保育者の思い」

トイレに興味が出てきたときには、まずは便器に座ってみることからはじめてみましょう。

2月 個人案 配慮事項・発達援助別

◎ CD-ROM → 📁 0歳児 _ 個人案
→ 📁 p164-p167_2月の個人案（配慮事項・発達援助別）

	気になる子 ♪学びの芽 12か月（女児） 特定の遊びしかしたがらない	気になる子 ✚食事 1歳5か月（男児） 好き嫌いが多い
前月末の 子どもの姿	● 積み木や玩具の家具などを並べる遊びをずっと続けており、保育者がほかの遊びに誘っても関心を示さない。	● 給食を自発的に食べられるようになったが、一部しか食べなかったり、食べても吐き出したりすることがある。
ねらい	♪ 玩具のさまざまな遊び方を知り、遊びの楽しさを感じる。	✚ 食事を楽しみながら、さまざまな味や食材に慣れ親しむ。
内容	♪ 好きな遊びから遊びの幅を広げ、玩具のさまざまな遊び方を楽しむ。 ✚ 保育者の行動に関心をもつ。	✚ さまざまな味や食材に親しむ。 ✚ 楽しい雰囲気のなかで、自分で食べられたことに喜びや誇りを感じる。
保育者の 援助	● やっている遊びをそばでまねしてみて、関心を示したら少し違う遊び方を見せる。 ● 本児が遊ぶそばで、言うことを繰り返したり、行動を言葉にしたりする。	● 調理の様子を見る機会をつくる。 ● お皿に少しの量を取り分けて、全部食べられたら、おおいにほめる。
振り返り	● 保育者がそばでまねして遊んでいると、関心を示すようになり、保育者のまねもするようになってきた。	● 調理の様子を見せると、少し興味をもち、その日はいつもより食べる量が増えた。
保護者への 配慮事項	● 家庭でもいつもと異なる遊びに誘ってもらうよう伝える。	● まだ好き嫌いが固定しているわけではないので、焦らずに、さまざまな食材を食べさせるようにお願いをする。

ポイント！ 保育者の思い

大人のペースに引き込むのではなく、子どもの世界を尊重し、理解しようとする姿勢が大切です。

感覚の過敏さやこだわりが原因の場合もあります。さまざまな経験をとおして、食べ物への興味を育てましょう。

✚…健やかに伸び伸びと育つ　♥…身近な人と気持ちが通じ合う　♪…身近なものと関わり感性が育つ

発達援助　♥人間関係	発達援助　✚排泄
1歳6か月（女児） 友だちを押してしまう	**1歳9か月（男児）** 排尿したことを知らせる
● 玩具を友だちにとられそうになったときに、押し倒してしまうことがあった。	● 排泄すると、保育者に知らせるようになった。
♥ 友だちと一緒に過ごすことを楽しむ。	✚ 言葉やしぐさで、排泄を保育者に伝えようとする。
♥ 友だちのそばで同じ玩具を使って遊んだり、絵本の読み聞かせを楽しんだりして過ごす。	✚ 「ちっち」や「でた」という言葉で、排泄したことを保育者に伝える。
● 友だちに手を出しそうになったときは止めに入り、怒るのではなく、気持ちを代弁して受け止める。 ● 友だちと遊んでいるときは、「一緒に遊ぶと楽しいね」などと言葉がけをする。	● 排尿したときは、動作を見せながら知らせるように促し、「ちっち」と言葉も伝える。 ● 排便をしたときには、「うんち出たね」と声かけをする。
● 嫌な気持ちを言葉でうまく表現できないことから、手が出てしまう姿がよく見られたが、その都度保育者がなかに入り、お互いの気持ちを代弁するようにした。	● 「ちっちでた？」と聞くとおうむ返しに「ちっちでた」と答えていたが、自ら伝えてくることはなかったため、その都度「ちっちでたね」と言葉で伝えるようにした。
● 友だちとの関わりのなかで、自分の思いや主張が出てきたことを伝える。	● 園での対応のしかたを伝え、家庭でも「ちっちでた？」「ちっちでたね」と声かけをして排泄を伝えられるように連携する。

友だちとのトラブルは保育者が間に入り、けがのないようにします。

徐々にトイレで排泄できるように保育者に伝えられるようにします。

2月 乳児保育のポイント

保健　"かみつき"のトラブルが起こったら

手当のしかた

1 傷口を流水で洗う

2 出血が多い場合は、清潔なガーゼで止血する

3 出血がある場合は、ばんそうこうなどを貼る

4 冷やす

- まだ言葉をうまく話せないことから、気持ちを伝えられず、かみつき行動に出てしまう子が多くいます。
- けがの手当はもちろんのこと、子どもの心のケアや保護者への対応など、しっかりと行うようにしましょう。

子どもへの対応

【かまれた子へ】
痛かったね。もう大丈夫だよ。

【かんだ子へ】
おもちゃで遊びたかったんだね。またあとで借りようね。かんだら痛いからやめようね。

かんでしまった子に対し、気持ちを代弁し、共感してあげるとともに、もうかみつかないように伝えていきます。

かみつきが起きてしまったときの保護者への対応

双方の保護者にトラブルが起きた状況と、どのような手当をしたかを伝え、トラブルを防止できなかったことを謝ります。けんかをした相手が誰かを保護者に伝える、あるいは伝えないというのは、園の方針にもよります。子ども同士のトラブルにどう対応するかは、園生活が始まる前の最初の保護者会などで伝えておき、理解を求めておくとよいでしょう。

食　離乳食完了期の介助のしかた
12〜18か月（パクパク期）

介助のしかた

食材は一口大に切って食べやすくするのではなく、かじりとれる形にする。

かたさ、大きさ、粘性など、多様な食物を使い、自分の前歯でかみとる力をつけさせる。

- 手づかみ食べを多くさせるようにします。
- 手づかみ食べを十分に行うことは、スプーン、はしなどの食具を使った食事動作へとつながっていきます。
- 自分で食べることをとおして、自分に合った1口分の量を覚えます。
- 姿勢は足が床につき、垂直座位で腕を前に出したときに、肘がテーブルにつく程度がよいです。

checkポイント

- 1口量がわからず、口にどんどん入れてこぼしてしまったり、食べものよりも大きな口を開けてしまいます。
- 上手に食べられなくても、介助をしすぎないように注意し、自ら食べるという意欲を育てるようにします。

遊びと環境

その① 冬の自然にふれて遊ぶ（低月齢）

用意するもの バギー、おんぶ紐、手洗い用のぬるま湯、タオル

活動の内容
- 雪や氷にふれ、驚いたり、感触を知ったりする。
- 暖かい日には外気浴を楽しみ、心地よさを味わう。

冬の自然にふれる

環境のポイント
- 冬の自然にふれられる場所と、安全を確認しておきましょう。
- ぬれたときにすぐ使えるよう、タオルやぬるま湯を用意しておきましょう。

その② 描画遊び（高月齢）

用意するもの クレヨン、水性カラーペン、絵の具（口に入れても安全なもの）、画用紙など

活動の内容
- 幼児クラスの描画遊びを見に行く。
- 水性カラーペンやクレヨンを、握ってみる。
- 絵の具の感触ははじめてなので、なかには抵抗を示す子どももいる。

描画遊びをする

描画遊びを体験すると……
- 自由に描ける場所や体験は、幼児クラスで行う描画活動の導入になる。

環境のポイント
- 自由にのびのびと手を動かせる環境設定や、個々に応じた配慮をしましょう。

2月 乳児保育のポイント

2月の文例集（低月齢児）

CD-ROM → 0歳児_季節の文例集→p170_2月の文例集_低月齢児

前月末の子どもの姿

- 保育者に喃語や一語文で欲求を伝えることが増えた。
- バケツに張った氷に手指で恐る恐るふれたが、冷たかったためすぐに引っ込めるなど、冬の寒さを味わっていた。

養護のねらい
- 冬の寒さに負けず、身体を十分に動かすことを楽しめるようにする。
- 自己主張が出てくる時期なので、自分でやりたいという気持ちを受け止めるようにする。

健康・安全への配慮

- 戸外から帰って来たときは、手洗いをしっかりとする。
- 高月齢児との身体の発達に差があるため、ぶつかりなどの事故につながらないよう、活動グループを分ける。

ねらい

- ✚衣服の着脱に興味をもつ。
- ♥簡単な一語文を話す。
- ♪歌に合わせて身体を動かすことを楽しむ。

内容
- ✚保育者の声かけで、援助してもらいながら着替えようとする。
- ♥「ワンワン」「ブーブー」などの一語文を発し、保育者に伝えることを楽しむ。
- ♪曲に合わせて身振り手振りをするなど、全身で楽しむ。

環境構成
- 着替えの際は1対1で関わり、「ばんざいしてね」などの声かけをする。
- 絵柄を指差して発語ができるような簡単な絵本『いないいないばあ』『だるまさんが』などを繰り返し読む。
- 曲を覚えやすいように、ゆっくりとしたリズムで歌う。

保育者との関わりと配慮事項
- 着替えに興味がもてるよう、着脱しやすいセパレートタイプの衣服の用意を保護者にお願いしておく。
- 優しい語りかけを心がけ、落ち着いた雰囲気のなか、楽しんで発語できるようにする。
- 気に入った曲があれば何度も繰り返し歌い、満足のいくまで遊べるようにする。

職員との連携

- 定期的に担当者全員で玩具の点検・消毒をし、破損による事故や感染症の拡大につながらないようにする。

家庭・地域との連携

- 身のまわりのことを自分でやろうとしている姿を伝え、家庭でも必要に応じて介助してもらうようにお願いする。

食育

- スプーンですくって口に運ぶなど、自分で食具を使って食べようとする。

✚…健やかに伸び伸びと育つ　♥…身近な人と気持ちが通じ合う　♪…身近なものと関わり感性が育つ

2月の文例集（高月齢児）

CD-ROM → ■0歳児_季節の文例集→p171_2月の文例集_高月齢児

前月末の子どもの姿
- 活動スペースを思いきり使い、車や電車の玩具を走らせて遊ぶ姿が見られた。
- 発熱でしばらく園を休む子がいた。

養護のねらい
- 興味のある遊びをとおして、保育者や他児との関わり合いを楽しめるようにする。
- 保育者に見守られている安心感のなかで、好きな遊びを十分に楽しめるようにする。

健康・安全への配慮
- かみつきなどのトラブルが起きないように、保育者を適切に配置する。
- 戸外へ出かけるときは防寒着で体温を調節する。

ねらい
- ✚すすんで着替えをしようとする。
- ♥他児に興味をもち、関わろうとする。
- ♪音楽に合わせて身体を動かすことを楽しむ。

内容
- ✚保育者に援助してもらいながら自分でズボンを履こうとする。
- ♥保育者の仲立ちで、人形や道具を使って他児とごっこ遊びを楽しむ。
- ♪保育者の歌うわらべうたをまねして歌おうとする。

環境構成
- 子どもの前に着替えを置き、自分から取り組めるようにする。
- ごっこ遊びができるように、テーブルや棚などを配置してコーナーをつくる。
- 「あっぷっぷ」など、子どもが言葉やしぐさをまねしやすい歌を用意する。

保育者との関わりと配慮事項
- ズボンを引き上げるなど難しい部分はさりげなく手伝い、自分でできた満足感を味わえるようにする。
- 保育者も一緒になって「いただきます」などの声をかけ、遊びがより楽しくなるようにする。
- 気に入った曲は何度も繰り返して歌い、満足いくまで遊べるようにする。

職員との連携
- 体の発達にともない探索範囲が広がるため、活発に動けるスペースをつくる一方で、静かにゆったり遊べるコーナーをつくるなど、関係職員で子どもたちの室内環境を見直し、整える。

家庭・地域との連携
- 自分で着替えをしようとすることが多くなっていることを伝え、着脱のしやすい衣服を用意してもらう。
- トイレトレーニングの状況をくわしく伝え合い、家庭と連携してすすめられるようにする。

食育
- 苦手な食材を食べてみようとする。

✚…健やかに伸び伸びと育つ　♥…身近な人と気持ちが通じ合う　♪…身近なものと関わり感性が育つ

3月 月案・低月齢児

CD-ROM → 0歳児_月案
→ p172-p175_3月の月案（低月齢児）

3月　低月齢児　月案　いちごぐみ

担任：A先生

今月の保育のポイント

他児に興味が出てくることでもののやりとりを楽しむ一方、玩具の取り合いから声を上げて訴えることも増えるため、関わり方を伝えていくことが大事です。また、4月から1歳児クラスへ移行することを踏まえ、新しい環境に対する不安をしっかりと受け止めつつ、慣れていけるように配慮します。

前月末の子どもの姿

- やってほしいことがあると、保育者の前で身振り手振りをしたり、声を出したりして要求する姿が見られた。
- 他児に玩具をとられそうになると、声を出して嫌がる姿が見られた。

	ねらい	内容	
健やかに伸び伸びと育つ	・自分で食べる喜びを味わう。 ・存分に体を動かして遊ぶ。	・はじめてのメニューにチャレンジしたり、保育者を模倣して食器や食具をもつ。 ・つたい歩きが安定し、意欲的に探索遊びを楽しもうとする。 ・保育者の手遊びを見たり、まねをしたりして楽しむ。	
身近な人と気持ちが通じ合う	・他児に興味を示し、保育者の仲立ちのもとで、関わりを楽しむ。	・他児と同じ場で、同じ遊びをして過ごすことを楽しむ。	
身近なものと関わり感性が育つ	・さまざまな素材やいろいろな形のものにふれ、楽しむ。 ・感覚遊びを楽しむ。	・手首や指先を使って、紙を破いたり丸めたり、箱や缶を開けたり閉めたりする。 ・スタンプ台に足や手を乗せて手形や足形をとり、それを紙に押して作品をつくる。	

職員との連携

- 1歳児クラスへの移行に向けて、新しい環境に徐々に慣れるように、職員間で連携して環境を設定する。
- 環境の変化から子どもの様子に影響が出ていないか、登降園の際に確認し、職員間で情報を共有する。

家庭・地域との連携

- 気候の変化により、感染症が流行しないように家庭と園で連携する。
- 1歳児クラスへの進級に向けて、準備するものに不足や記名もれがないように案内をしていく。

※乳児保育の場合、特に養護と保育内容は一体的に展開されるものですので、
ねらいと内容を設定するときには養護の要素も含めて考えることが大切です。

3月 月案・低月齢児

養護のねらい
- 新しい食材を食べてみるなど、食べることに関して自分でやってみようとする気持ちを引き出す。
- 一人ひとりの体調や気持ちの状態に気を配り、1日を笑顔で過ごすことが増えるように関わる。

健康・安全への配慮
- 一人立ちや歩行をする子が、玩具を踏んだり、転んだりしてけがをしないよう環境を整える。
- 室内では換気、加湿をこまめに行うとともに、玩具の消毒や手洗いを徹底して、感染症のまん延予防に努める。

行事
- ひなまつり
- 身体測定
- 誕生会
- 避難訓練
- お別れ会

環境構成	保育者の関わりと配慮事項
● 食器や食具をもつ意欲がわくように、保育者が目の前ですくってみたり、手を添えたりして一緒に行う。 ● 満足するまで体を動かすことができるよう、活動には十分な時間をとる。 ● 保育者が「いっぽんばしこちょこちょ」などの歌を繰り返し歌ったり、大きく動いてみせたりすることで、歌を口ずさんだり、体を動かしたりできるようにする。	● 必要に応じて手を添えて介助を行うが、自分でやりたいという意欲を尊重して見守るようにする。 ● 他児との接触や危険がないか、まわりの環境に目を配り、けがをしないよう十分注意して見守る。 ● 気に入った曲は求めに応じて繰り返し歌ったり、CDを流したりして、満足するまで遊べるようにする。
● 玩具の取り合いにならないよう十分な数を用意する。	● 他児への興味が出てくるので、子ども同士の関わり方に気をつけて見守る。
● 新聞紙や色紙、ふたの開け閉めができる廃材などを十分に用意する。 ● 保育者があらかじめ台紙に絵を描いておき、子どもが仕上げるようにする。	● じっくりと取り組めるように、少人数で遊べる環境設定をしていく。 ● スタンプ台のインクにふれることに抵抗がある子には無理にすすめないようにする。

食育
- 汁椀（スープカップ）を手でもち、直接口をつけて飲むことに興味をもつ。

✓ 反省・評価のポイント
- 一人立ちや歩行など探索活動が盛んになってきた子どもに対し、十分に体を動かせるスペースは確保できたか。
- 他児と一緒に過ごすことが楽しいと思えるような環境づくりができたか。

3月 月案・高月齢児

◎ CD-ROM → ■ 0歳児_月案
→ ■ p172-p175_3月の月案（高月齢児）

3月　高月齢児　月案　いちごぐみ
担任：B先生

今月の保育のポイント

言葉の理解がすすみ、要求や気持ちを簡単な言葉で伝えることができるようになってくるため、子どもの気持ちを受け止めて応答的に関わっていくことが大切です。また、4月から1歳児クラスへ移行することを踏まえ、新しい環境に対する不安を受け止めつつ、慣れていけるように配慮します。

前月末の子どもの姿

- 単語の数が増え、「～いた」などの二語文を話す姿が見られた。
- 玩具の取り合いで、他児に手が出る子どももいた。
- 他児のまねをして、他児と同じ遊びをする姿が見られた。

	ねらい	内容
健やかに伸び伸びと育つ	・身のまわりの新しいことをやってみようとする。 ・走る速度が速くなるなど、体を動かすことが上手になり、活発に遊ぶ。	・ズボンや靴を履くなど、簡単な身支度を自分でやろうとする。 ・自ら便座に座ってみようとする。 ・マットや巧技台で全身を使って遊ぶ。
身近な人と気持ちが通じ合う	・保育者と関わり合いながら戸外での散歩を楽しむ。 ・保育者の発した言葉に反応して行動しようとする。	・「さんぽ」を歌ったり、簡単な言葉を繰り返したりしながら、保育者と手をつないで散歩を楽しむ。 ・おむつ交換の際に、保育者の呼びかけにこたえ、すすんで替えてもらおうとする。
身近なものと関わり感性が育つ	・幼児クラスの子どもと関わることを楽しむ。 ・机上遊びで指先を使って遊ぶ。	・幼児クラスの玩具で幼児と遊ぶことを楽しむ。 ・ボタンを留めたり、ふたの開け閉めを楽しんだりする。

職員との連携

- 異年齢交流について、よかった点、反省点を幼児クラスの担任と共有する。
- 環境の変化から子どもの様子に影響が出ていないか、登降園の際に様子を確認し、職員間で情報を共有する。

家庭・地域との連携

- 1年間の成長を保護者とともに喜び合う。
- 1歳児クラスへの進級に向けて、準備するものに不足や記名もれがないように伝える。

※乳児保育の場合、特に養護と保育内容は一体的に展開されるものですので、ねらいと内容を設定するときには養護の要素も含めて考えることが大切です。

養護のねらい

- 身のまわりのことをやってみようとする気持ちを受け止め、ていねいな声かけをする。
- 子どもたちの思いを受け止め、不安そうな子どもにはスキンシップをとり安心できるよう関わる。

健康・安全への配慮

- 換気、加湿をこまめに行うとともに、玩具の消毒や手洗いを徹底して、感染症の発症予防に努める。
- 子ども同士で玩具の取り合いなどがあるため、子どもの気持ちを代弁するなど、間に入ってトラブルを防ぐ。

行事

- ひなまつり
- 身体測定
- 誕生会
- 避難訓練
- お別れ会

3月 月案・高月齢児

環境構成	保育者の関わりと配慮事項
● 子どもが求めるときのみ援助し、そうでなければ本人が納得いくまでやれるように見守る。	● 難しいところはさりげなく援助し、「自分でできた」という思いが味わえるようにする。
● トイレに興味が出るようなシールやポスターを貼るなどして、楽しい空間になるよう工夫する。 ● のぼる、下りる、すべる、転がるなどの体験ができるように、巧技台やマットの配置に変化をもたせる。	● 「座ってみようか」と声をかけ、便座に座る経験をもてるようにする。 ● 子どもの人数が集中しないように、複数箇所に活動の場を設ける。
● 保育者の人数を増やしたり、少ない人数で散歩に出たりするなど、子どもが安全に歩道を歩くことができるように人数調整をする。 ● 「おむつ替えようね」などゆっくりとていねいに声をかけて返答を待つ。	● 歩くペースや地面の凹凸、段差に注意をして危険のないようにしていく。 ● 返答を聞いておむつを替え、終わったら「きれいになったね」などと言葉がけをして、気持ちよさを共有する。
● 3歳児クラスの担任と時間を調整しておく。 ● 少人数で関われるようにする。	● 年上の子どもを怖がって泣いてしまう子どももいるので、無理強いせず、機嫌がよいときに遊ぶようにする。 ● できたときは一緒に喜び、達成感を感じられるようにする。

食育

- 最後まで落ち着いて集中して食べる。

反省・評価のポイント

- 保育者との手つなぎ散歩が安定し、他児との手つなぎも経験して、楽しい散歩ができたか。
- しぐさや喃語で気持ちを伝えてきた子どもと、楽しい関わり合いができたか。

3月 個人案 低月齢児・高月齢児

◎ CD-ROM → 📁 0歳児_個人案
→ 📁 p176-p179_3月の個人案（低月齢児・高月齢児）

	低月齢児 Aちゃん 1歳2か月（女児）	低月齢児 Bちゃん 1歳5か月（男児）
前月末の子どもの姿	● やってほしいことがあると、保育者に身振りや声を出して要求することがあった。 ● 一人で歩く距離が増えた。	● 喃語の種類が増え、盛んに発するようになった。 ● 他児に対して喃語を発し、玩具を差し出す姿が見られた。
ねらい	✚ 歩行しながら探索を楽しむ。	♥ 保育者や他児との関わりを楽しむ。
内容	✚ 歩く喜びを感じ、積極的に探索活動を楽しむ。	♥ 保育者の仲立ちで、友だちとふれあって遊ぶことを楽しむ。
保育者の援助	● 足の運びに合わせて声をかけ、歩行を楽しめるようにしていく。	● 他児と関わりたいという気持ちを大切にし、保育者が仲立ちする。
振り返り	● 保育者が両手をもつことで、長い距離を喜んで歩いていた。 ● 玩具をもちながら歩くことがあるため、けがをしないように注意して見守っていく。	● 他児と顔を見合わせたり、頭をなでたりする姿が見られた。 ● 引き続き保育者が仲立ちしながら、他児と関われるようにしていく。

ポイント！ 保育者の思い

安定して歩行できるようになるよう、環境を整えましょう。

✚…健やかに伸び伸びと育つ　♥…身近な人と気持ちが通じ合う　♪…身近なものと関わり感性が育つ

3月 個人案 低月齢児・高月齢児

高月齢児 Cちゃん 1歳8か月(男児)	高月齢児 Dちゃん 1歳10か月(女児)
●戸外での保育者との手つなぎ散歩を楽しむ姿が見られた。 ●ズボンを自ら脱ごうとする姿が見られた。	●他児との追いかけっこを楽しんでいた。 ●保育者が片づけをしていると、そばで見たり、まねをしようとしたりする姿が見られた。
✚身のまわりのことを自分でやってみようとする。	✚身のまわりのことを保育者と一緒に行う。
✚着脱に興味をもち、自分でやってみようとする。	✚玩具の片づけに興味をもち、保育者と一緒にやってみようとする。
●自分でやりたいという気持ちを受け止める。	●本児が片づけに興味をもったときには、「ないないしよう」と声をかけながら玩具を手渡し、誘っていく。 ●片づける場所がわかりやすくなるように、写真を貼る。
●保育者が足をズボンに入れてあげると、自分からはこうとする姿が見られた。 ●本児が興味をもったときには、自分でできるよう、援助していく。	●保育者が片づけをすると、喜んでまねをする姿が見られた。 ●身のまわりのことをやってみたいという気持ちを大切にし、様子を見ながら援助する。

ポイント！保育者の思い

着脱も片づけも、まずは興味をもつことが大切です。一人ひとりの興味を引き出せるよう関わりましょう。

3月 個人案 配慮事項・発達援助別

◉ CD-ROM → ■ 0歳児_個人案
→ ■ p176-p179_3月の個人案（配慮事項・発達援助別）

	発達援助 ♥言葉 1歳9か月（男児） **呼びかけに返事をする**	気になる子 ♥人間関係 1歳4か月（女児） **かんしゃくを起こす**
前月末の子どもの姿	●保育者が名前を呼ぶと、返事をする姿が見られた。 ●簡単な声かけがわかるようになり、それに応じた行動をとるようになった。	●近くで遊んでいた友だちが軽くぶつかったり、近くにあったおもちゃを使われたりすると、突然大きな声で泣き出す。
ねらい	♥保育者と言葉を介したやりとりを楽しむ。	♥友だちと同じ場所で遊ぶことに慣れ、適切に自分の思いを表現する。
内容	♥名前を呼ばれたら、手をあげたり声を発したりしようとする。 ♥保育者と「ちょうだい」「どうぞ」と言いながら、もののやりとり遊びを楽しむ。	♥思いを保育者や友だちに言葉で伝えようとする。 ♥自分や友だちが使う、玩具や場所を認識する。
保育者の援助	●返事ができたときはほめて、経験を増やしていく。 ●遊びのなかでものを渡すときに「どうぞ」と言って渡し、言葉の意味を伝える。	●小さなシートや専用のいすなどを用意し、そこで遊ぶよう促す。 ●遊びたい玩具を選び、専用のかごに入れて遊べるようにする。
振り返り	●食事のときやお迎えのときに「マンマだね」「ママきたよ」などの声かけをし、発語を促すようにした。	●玩具をかごに入れることで、「自分が使っている玩具」と意識したようで、過剰な反応が少なくなった。
保護者への配慮事項	●言葉の意味を理解するようになってきたことを伝え、発語しやすいように声かけをすることを提案する。	●本人の気持ちを代弁するような言葉がけを意識して行うようにしてもらう。

ポイント！ 保育者の思い

声を出して訴えているときは、言葉に置き換えて声かけをします。

本人の気持ちを受け止め代弁し、適切な表出のしかたを繰り返し伝えていきましょう。

✚…健やかに伸び伸びと育つ　♥…身近な人と気持ちが通じ合う　♪…身近なものと関わり感性が育つ

発達援助　✚健康・安全	気になる子　♥言葉
1歳6か月（女児） 環境の変化が苦手	1歳10か月（男児） 言葉を発することが少ない
●はじめての場所に行くと不安になり、泣き出す姿が見られた。	●単語レベルの発語は10語程度はあるものの、思いを行動で表すことが多く、言葉で伝えようとすることは少ない。
✚保育室とは違う場所でも楽しく過ごす。	♥言葉で自分の思いを伝えようとする。
♥異年齢児のいる場所で楽しく遊ぶ。	♥要求など、自分の気持ちを保育者に伝えようとする。 ♥気持ちを言葉で表現しようとする。
●不安な気持ちに寄り添い、見守ることで、安心して遊べる環境をつくる。 ●無理強いはせず、あまりにも泣くようであれば本児のペースを優先する。	●本児が何かしてほしそうな瞬間を見逃さず、声をかけ、要求にこたえることを繰り返す。 ●思いを表出させてこようとしたときには、「〜して、だね」など、言葉にする。
●はじめに保育者が抱っこをすることで、安心し、異年齢児のいるクラスでも興味のある玩具をみつけて遊ぶことができた。	●欲しい玩具をすぐには渡さず「ちょうだい、だね」と伝えると、まねて言うようになってきた。
●保育室以外の場所につれていくと、不安から泣いてしまうこともあるが、保育者が見守ることで徐々に場所に慣れていることを伝える。	●家庭でも絵本の読み聞かせをしたり、欲しいものをすぐには渡さずに言葉で言うように促したりしてもらう。

3月　個人案　配慮事項・発達援助別

新しい環境に慣れていけるように、不安を受け止めます。

ちょうだい、やって、いやなど、要求や拒否の言葉から、発語を増やしていきましょう。

3月 乳児保育のポイント

保健　正しい靴を選びましょう

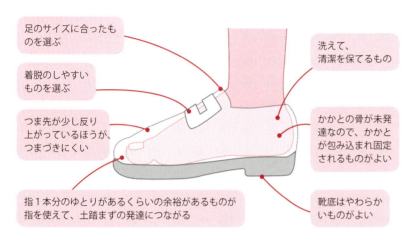

- 足のサイズに合ったものを選ぶ
- 着脱のしやすいものを選ぶ
- つま先が少し反り上がっているほうが、つまづきにくい
- 指1本分のゆとりがあるくらいの余裕があるものが指が使えて、土踏まずの発達につながる
- 洗えて、清潔を保てるもの
- かかとの骨が未発達なので、かかとが包み込まれ固定されるものがよい
- 靴底はやわらかいものがよい

- 歩き始めたばかりの子どもの足は、土踏まずもできておらず、未発達な状態です。
- 靴は子どもの発達を保護する重要な役割があるため、見た目のデザインや形だけで選ぶのではなく、歩きやすいものを選びましょう。
- 子どもは靴がきつくても訴えません。外遊びのときに確認しましょう。

靴下ははいたほうがいい？

室内では転倒しないように裸足で過ごしますが、靴を履くときは、靴下を履かせましょう。靴下も靴と同様に、足のサイズに合ったもので、足首でしっかりと固定されるものがよいでしょう。サイズが合っていないとつま先が伸びてしまい、靴を履いたときにじゃまになり、正しい歩行の妨げになってしまいます。

食　離乳食の"困った"と対応のしかた

丸呑みしてしまう場合

食べものの大きさやかたさを見直してみる。歯や歯茎でしっかりとかんで食べることができるかたさや大きさに調理できているか検討する。

遊び食べをしてしまう場合

味や色、手触りを楽しむ探索行動の一つともいえる。行儀が悪いからと注意することはせず、見守ることが大事。

食べる量が少ない場合

必要な栄養がしっかりととれているか心配になるが、1食の量だけを見て、心配しすぎないことも大切。日中に十分な活動を促し、おなかをすかせる。

偏食をしてしまう場合

だんだんと好き嫌いが出てくるが、嫌いなものを強制して食べさせない。少しでも食べたときは、たくさんほめるようにする。

- 離乳食をすすめていくと、なかなか思うように食べてくれないことも出てきます。
- よくかまずに丸呑みする、十分な量を食べられない、偏った食事をするなどは、園の食事の場面でよく見られる困りごとです。
- 手づかみ食べが上手になると、食べ物を混ぜて遊んでしまう遊び食べも見られます。

楽しい食事の雰囲気づくりを大切に

残さずに食べるように強要すると、子どもはプレッシャーを感じ、食事が楽しくないものだと感じてしまいます。保育者も子どもと同じものを食べ、「おいしいね」と声をかけながら、楽しい雰囲気づくりを心がけることが重要です。子どもは、苦手なものでもまわりの友だちが食べているのを見ると、自ら食べてみようとするものです。食事の時間を皆で楽しく過ごせるように工夫をしていきましょう。

遊びと環境

その① 手形と足型で絵を描く（低月齢）

用意するもの おひなさまなどの絵、スタンプ台

手形と足型で作品をつくる

活動の内容
- 保育者が描いたひな人形の絵に、子どもの手形と足型を加えて作品をつくる。
- さまざまな感覚遊びを経験していると、スタンプ遊びに抵抗を示す子どもが減る。感触を楽しみながら遊ぶ。

繰り返し遊んだあとは……
- 手形と足型の大きさの変化により、成長の様子を確認できる。

環境のポイント
- どのような作品ができるのかを伝え、楽しい気持ちで取り組めるようにしましょう。

その② 幼児と遊ぶ（高月齢）

用意するもの 0歳児クラスにはない幼児クラスの玩具

幼児と遊ぶ

活動の内容
- 保育者と一緒に、幼児クラスとの関わりを楽しむ。
- 幼児の様子をまねて、やってみようとする。

進級に向けて……
- 幼児との関わりは、幼児への憧れにつながる。また、ほかの保育室で遊んだ経験は、進級後の環境の変化への抵抗を低くする。

環境のポイント
- ほかのクラスと一緒に遊ぶ時間を設けたり、進級が楽しみになるような環境を設定したりしましょう。
- 子どもの機嫌がよいときに、のんびり数回行うようにしましょう。

3月 乳児保育のポイント

3月の文例集（低月齢児）

● CD-ROM → ■ 0歳児 _ 季節の文例集→ p182_3月の文例集 _ 低月齢児

前月末の子どもの姿
- 排尿したことを知らせる子どもが増えてきた。
- こだわりが見られるようになり、自己主張をすることがあった。

養護のねらい
- 子どもの思いをしっかりと受け止め、安心して自分の気持ちを表現できるように関わる。
- 衣服の着脱など、身のまわりのことを自分で行えるように促す。

健康・安全への配慮
- 朝夕と日中で気温差が出る時期なので、温度と湿度に注意して室内環境を快適に保つ。

ねらい
- ✛ すすんで排泄に取り組む。
- ♥ 欲求や快・不快などの気持ちを伝えようとする。
- ♪ 戸外で季節の変化を楽しむ。

内容
- ✛ おまるや便器に自分から座ってみようとする。
- ♥ 保育者に喃語や一語文、しぐさや表情で自分の気持ちを表現しようとする。
- ♪ 靴を履いて散歩を楽しみ、冬から春になる自然を感じる。

環境構成
- 保育室などの生活空間におまるを置き、明るい場所で排泄に取り組めるようにする。
- 子どもの気持ちをくみとり、簡単な言葉で言い換えるようにする。
- 日差しが暖かい日に散歩ができるよう設定し、春が感じられる場所を下見しておく。

保育者との関わりと配慮事項
- おまるで排泄できたときには「上手にできたね」などおおいにほめる。
- 思いが通らず泣いたり怒ったりする姿が見られたときは、「○○してほしかったんだね」と言葉を添えることで欲求を満たせるようにする。
- 他児や保育者と手をつないで歩くことを促す。

職員との連携
- 新年度の1歳児の担任に、一人ひとりの発達状況や健康状態、食物アレルギーの有無などを伝え、しっかりと引き継ぎをする。

家庭・地域との連携
- 進級にあたって成長を喜び合い、保護者の不安や疑問に耳を傾ける。

食育
- こぼしながらもスプーンを使って食べ、自分で食べる楽しさを味わう。

✛…健やかに伸び伸びと育つ　♥…身近な人と気持ちが通じ合う　♪…身近なものと関わり感性が育つ

3月の文例集（高月齢児）

CD-ROM → 0歳児 _ 季節の文例集→ p183_3月の文例集 _ 高月齢児

前月末の子どもの姿

- 「あっぷっぷ」の歌が気に入り、保育者と一緒に楽しく遊ぶ姿が見られた。
- トイレに行く他児に興味を示し、自分も一緒に行きたがる姿が見られた。

養護のねらい

- 自分の思いをわかってもらえたと安心できるように、子どもたちの自己主張に共感する態度で接する。
- 生活や遊びのなかで他児の行動に興味をもてるよう援助し、関わり合いを楽しめるようにする。

健康・安全への配慮

- 朝夕と日中で気温差が出る時期なので、衣服で体温調節をし、厚着になりすぎないように過ごす。

ねらい

- ✚ 簡単な身のまわりのことを行う。
- ♥ 異年齢児とのふれあいを楽しむ。
- ♪ 1歳児クラスの部屋で楽しく過ごす。

内容

- ✚ 外で遊ぶときは、保育者に援助してもらいながら自分で帽子をかぶる。
- ♥ 1歳児クラスへ行き、異年齢児との交流を楽しむ。
- ♪ 1歳児クラスにある、はじめて見る玩具や絵本を楽しむ。

環境構成

- それぞれの帽子を用意して、子どもたちが自分でかぶれるように手伝う。
- 1歳児クラスの担任と連携し、無理なく交流できる日を設定する。
- ふだん遊んだことのない玩具を用意しておくなど、楽しい環境にしておく。

保育者との関わりと配慮事項

- 自分でかぶれたら、「よくできたね」と声をかけておおいにほめるようにする。
- 身体の発達状況に差があるので、ぶつかって転倒するなどの事故が起こらないように十分気をつける。
- 新しい環境に不安な気持ちを見せる子には、そばにつき、安心できる声かけをする。

職員との連携

- 新年度の1歳児クラスの担任へ、一人ひとりの発達状況や健康状態、アレルギーの有無などを漏れなく伝えるようにする。

家庭・地域との連携

- 新年度のクラスに向けて、不安や疑問をもっていないか、話をする機会を設ける。

食育

- 保育者や他児とともに食事をすることが楽しいと感じる。

✚…健やかに伸び伸びと育つ　♥…身近な人と気持ちが通じ合う　♪…身近なものと関わり感性が育つ

保育日誌

保育日誌とは、日々の保育を振り返り、次の保育に生かしていくための記録です。指導計画に基づいて保育を行い、設定したねらいや内容に対して実際にどうだったか、具体的な子どもの成長、今後の課題について記入していきます。ここでは月案で紹介した活動についての保育日誌を掲載します。

● CD-ROM → 📁 0歳児_保育日誌 → p184-p185_保育日誌 4-9月

月／日	主な活動	子どもの様子	評価・反省
4／○（水）	● ふれあい遊び（高月齢）	● 登園してからしばらくは泣いて母親を求める様子が見られたが、本児の名前を呼んで手を伸ばしたり、保育者のひざに乗って手遊びなどのふれあい遊びをしたりするうちに、しだいに笑顔を向けるようになった。	● 登園時には泣いていたが、しばらくすると落ち着いて保育者と遊ぶようになったことを、母親に伝えると、安心した様子だった。慣らし保育期間がまだ続くが、安心して園生活が送れるよう、保護者との連絡を密に行い、信頼関係を築きたい。

▶ 4月月案 42・43ページへ

月／日	主な活動	子どもの様子	評価・反省
5／○（火）	● 音の鳴る玩具で遊ぶ（低月齢）	● 音の鳴る玩具やすずをそばで鳴らすと、手足をパタパタさせて喜ぶ姿が見られた。顔の横に玩具を置くと、手を伸ばして体をねじり、寝返りができるようになった。	● 1対1での好きな玩具のやりとりをとおして、寝返りができるようになった。音の鳴る玩具が好きなので、今後もさまざまな素材、音色の鳴る玩具で遊べるようにしていきたい。

▶ 5月月案 52・53ページへ

月／日	主な活動	子どもの様子	評価・反省
6／○（木）	● 中期食に慣れる（高月齢）	● 保育者がスプーンを口に近づけると、しっかり口を開けて食べる様子が見られた。舌と上あごで押しつぶしながら、しっかり食べていた。	●「おいしいね」「もぐもぐしようね」など声をかけながら、楽しい雰囲気で食事ができるようにした。保護者に離乳食のすすみ具合をくわしく伝え、連携しながら離乳に向けてすすめていきたい。

▶ 6月月案 66・67ページへ

月／日	主な活動	子どもの様子	評価・反省
7／○（木）	● 探索活動（低月齢）	● ずりばいができるようになり、保育室のなかで盛んに回転したり、前進したりする姿が見られた。一方で、慣れない場所に来ると慎重な様子が見られたので、無理強いせず、好きな場所を少しずつ広げていけるよう見守った。	● ずりばいでの移動が増えてきたので、保育室内の安全面について今一度点検し、安心して探索活動が行えるようにしたい。また、徐々に広い場所や新しい場所での探索活動を楽しめるようにしていきたい。

▶ 7月月案 76・77 ページへ

月／日	主な活動	子どもの様子	評価・反省
8／○（火）	● 水遊び（高月齢）	● 慣れた保育者と一緒に水にふれることで、安心して水遊びが楽しめた様子だった。遊びがすすむにつれ、スポンジやカップなどを使って、水を含ませたり、すくったりして遊ぶ姿も見られた。	● 水にふれる時間を十分にとったことで、じっくりと遊びが楽しめた様子だった。保育者が一緒に遊び、「楽しいね」と声をかけることで、心地よさを感じていた。

▶ 8月月案 90・91 ページへ

月／日	主な活動	子どもの様子	評価・反省
9／○（金）	● いないいないばあ遊び（低月齢）	● 慣れた保育者がハンカチで顔を隠すと、喜んで取ってもらうことを待つ様子が見られた。何度も繰り返すうちに、自分からハンカチをのせたりとったりして遊ぶ姿も見られた。	● いないいないばあ遊びが大好きなので、手を使ったり、ハンカチを使ったり、いろいろなバリエーションで楽しめるようにした。遊びながら手指の発達が促せるようにしていきたい。

▶ 9月月案 100・101 ページへ

保育日誌

◎ CD-ROM → 📁 0歳児_保育日誌 → p186-p187_保育日誌 10-3月

月／日	主な活動	子どもの様子	評価・反省
10／○ (水)	● 手づかみ食べ (高月齢)	● 最初は一口分がわからず口に入りきらないこともあったが、しだいに慣れて、加減量がわかってきた様子だった。食べ慣れないものも少量ずつ口に運び、完食することができた。	● 一口分の量がわかるよう、ご飯を小さく丸めて介助皿に置くと、喜んで手づかみで食べ、自分でもご飯を丸めて食べようとするようになった。食事への意欲がわくよう、引き続き手づかみ食べをすすめていきたい。

▶ 10月月案 114・115 ページへ

月／日	主な活動	子どもの様子	評価・反省
11／○ (火)	● 喃語でのやりとり (低月齢)	● 盛んに喃語を発し、保育者がおうむ返しをすると喜んだ。保育者の言葉を繰り返すことができるよう、口元をゆっくり見せながら話しかけたり、「楽しいね」などと気持ちを代弁したりすると、「あー」「うー」などと応答する姿が見られた。	● 伝えたいという気持ちが強くなってきているので、1対1でていねいに関わった。今後もおうむ返しをしたり、ゆっくりと発音したりしてやりとり遊びを楽しめるようにしていきたい。

▶ 11月月案 124・125 ページへ

月／日	主な活動	子どもの様子	評価・反省
12／○ (木)	● ボール遊び (高月齢)	● ボールをみつけると、保育者に指差して伝えようとする姿が見られた。自らボールをつかみ、転がしたり、投げたりして楽しんでいた。投げたボールを保育者が追いかけると喜び、繰り返し遊んでいた。	● 興味のあるものや、遊んでほしいものがあると指差して伝える姿が見られるようになった。指差しをしてきたときには「○○あるね」と声かけしてこたえるようにし、言葉への興味がもてるよう促していきたい。

▶ 12月月案 138・139 ページへ

月／日	主な活動	子どもの様子	評価・反省
1／○ (木)	● シール貼り （低月齢）	● 好きな色のシールを選び、台紙に貼ったり、はがしたりすることを楽しんでいた。赤色とピンク色のシールを選び、台紙に貼ることに繰り返し取り組み、集中して遊び込む姿が見られた。	● パーテーションで区切ったことで、落ち着いて遊べたようだった。今後も指先を使って遊べるよう、型はめや型おとし、クレヨンなどに遊びの様子を見ながら誘っていけるようにしたい。

▶ 1月月案 148・149 ページへ

月／日	主な活動	子どもの様子	評価・反省
2／○ (火)	● 戸外での散歩 （高月齢）	● 保育者の介助で靴を履いて、戸外での散歩を楽しむ様子が見られた。低い段差や坂道では、保育者と手をつないですすんで上がろうとする様子が見られた。	● 靴を履いての歩行がだいぶ安定してきた様子だった。今後も散歩の機会を増やし、戸外での歩行を楽しめるようにしていきたい。

▶ 2月月案 162・163 ページへ

月／日	主な活動	子どもの様子	評価・反省
3／○ (金)	● 手遊び （低月齢）	● 保育者が「いっぽんばしこちょこちょ」を歌うと、まねして声を出そうとする姿が見られた。保育者が身体を揺らすと、声を出して笑ったり、保育者をくすぐるまねをしたりして、喜んでいた。	● これまで発語が少なかったが、手遊びやわらべうた遊びをすると、盛んに声を出したり身体を動かしたりして楽しむようになってきた。引き続き声を出したり、動作をまねしたりできるような遊びを設定していきたい。

▶ 3月月案 172・173 ページへ

≪CD-ROMについて≫

付属のCD-ROMには、本誌で紹介されている文例のWord形式のデータが収録されています。
CD-ROMをお使いになる前に必ず下記をご確認ください。
付属のCD-ROMを開封された場合、以下の事項に同意されたものとします。

■動作環境
●対応OS：Microsoft Windows7以上
●アプリケーション：Microsoft Office Word 2010以上
● CD-ROMドライブ
※付属のCD-ROMを使用するには、パソコンにCD-ROMを読み込めるCD-ROMドライブが装備されている必要があります。

■使用上の注意
● 本誌では、Windows7上でMicrosoft Office Word 2013を使用した操作手順を紹介しています。お使いの動作環境によって操作方法や操作画面が異なる場合がありますので、ご了承ください。
●お使いのパソコン環境やアプリケーションのバージョンによって、レイアウトが崩れて表示される場合があります。
※ Microsoft Windows、Microsoft Office、Wordは米国Microsoft Corporationの米国およびその他の国における登録商標です。その他、記載されている製品名は、各社の登録商標または商標です。本書では、™、®、©マークの表示を省略しています。

■使用許諾
本誌掲載の文例、および付属CD-ROMに収録されたデータは、購入された個人または法人・団体が、営利を目的とせず、私的な目的（掲示物、園だよりなど）で使用することができます。ただし、以下のことを遵守してください。

●他の出版物、園児募集のためのPR広告、インターネットのホームページ（個人的なものを含む）などでの使用はできません。無断で使用することは法律で禁じられています。また、付属CD-ROM収録のデータを加工・変形し、上記内容に使用することも同様に禁じられています。
●付属CD-ROM収録のデータを複製し、第三者に販売・頒布（インターネットや放送を通じたものを含む）、譲渡・賃貸することはできません。
●本書に掲載および付属CD-ROMに収録されているすべての文例等の著作権・使用許諾権・商標権は弊社に帰属します。
●付属CD-ROMを使用したことにより生じた損害、障害、その他いかなる事態にも、弊社は一切責任を負いません。
●付属CD-ROMは音楽CDではありません。オーディオプレイヤーなどで再生しないでください。
● CD-ROMの裏面を傷つけるとデータが読み取れなくなる場合があります。取り扱いには十分ご注意ください。
●本書記載の内容についてのご質問は弊社宛てにお願いいたします。CD-ROM収録データのサポートは行っていません。

CD-ROMに収録されているデータについて

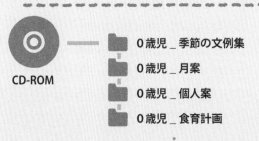

CD-ROM
- 0歳児_季節の文例集
- 0歳児_月案
- 0歳児_個人案
- 0歳児_食育計画

付属のCD-ROMを開くと、各指導計画の名前のついたフォルダが入っています。指導計画のフォルダのなかには、掲載ページごとのフォルダがあり、本誌で紹介されている指導計画のテンプレートがWord形式で収録されています。

1 CD-ROMに収録されている Wordファイルを開こう

使いたいテンプレートがきまったら、CD-ROMからファイルを探してパソコン上にコピーしましょう。
ここでは、Windows7上で「4月_高月齢児」のWordファイルをパソコン上に保存し、開いてみます。

1 CD-ROMを挿入する

付属のCD-ROMをパソコンのCD-ROM（DVD-ROM）ドライブへ挿入すると、自動再生ダイアログが表示されるので、「フォルダーを開いてファイルを表示」をクリックします。

- ダイアログを閉じてしまったり、表示されない場合は、スタートメニューの「コンピューター」から、「CD-ROMドライブ」をクリックして開くことができます。
- 「スタート→コンピューター→0歳児の指導計画」をクリックしていってください（Windows10の場合は「スタート→エクスプローラー→0歳児の指導計画」）。

2 目的のフォルダーを開く

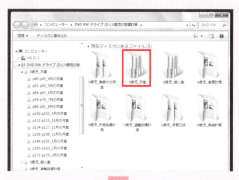

CD-ROMの内容を開くと、各章の名前のついたフォルダが表示されます。

「0歳児_月案」→「P40-P43_4月の月案」と開いていきましょう。
P40～43に掲載されている4月の月案のWordファイルがあります。

3 ファイルをパソコン上にコピーする

コピーしたいファイルをクリックしたままウィンドウの外へドラッグ（移動）しマウスボタンを離すと、デスクトップ上にファイルがコピーされます。

4 ファイルをダブルクリックする

デスクトップ上にコピーした「4月_高月齢児」をダブルクリックします。

5 Wordファイルが開く

Wordが起動し、「4月_高月齢児」のテンプレートが開きます。

2 Wordの文章をコピーして、別ファイルの表へ貼り付ける

付属CD-ROMに収録されているテンプレートの文章をコピーし、所属している園で使用している表へ貼り付けてみましょう。また、文章を編集したり、文字の大きさやフォント（書体）を変更する方法を説明します。

1 Wordの文章をコピーする

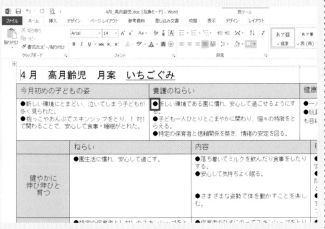

使いたい文章の先頭にカーソルを合わせ、クリックしながら文章の終わりまでドラッグし、文字列を選択します。

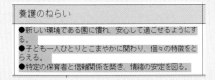

選択された範囲の色が変わり、選択状態になります。

「ホーム」タブ内の「コピー」をクリックすると、選択した文字列がコピーされます。
●「Ctrl」キーを押しながら「C」キーを押すことでもコピーすることができます。

2 自分の園の表へ貼り付ける

文字列をコピーしたら、所属している園で使用しているファイルをダブルクリックして開きます。

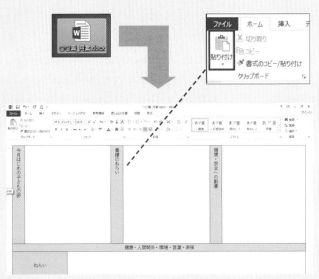

文章を貼り付けたい場所にカーソルを合わせてクリックし、「ホーム」タブ内の「貼り付け」をクリックします。
●「Ctrl」キーを押しながら「V」キーを押すことでも貼り付けられます。

カーソルがおかれた場所に、コピーした文字列が貼り付けされました。

3 文章を編集する

文章を編集する場合は、編集したい文字列をドラッグして選択します。

選択した文字列を「Delete」キーで削除するか、選択範囲の色が変わった状態のまま文字を入力し、新しい文章に書き換えます。

4 文字の大きさや、フォントを変更する

文字の大きさや、フォントを変更してみましょう。まず、変更したい文字列をドラッグ選択します。

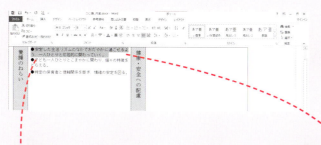

フォントの変更

フォント欄の右にある「▼」をクリックすると、使用できるフォントの一覧が表示されます。好きなフォントを選んでクリックすると、文字のフォントが変更されます。

5 編集したWordファイルを保存する

編集したファイルを保存するには、「ファイル」タブを開き「名前を付けて保存」または「上書き保存」をクリックします。

編集前のファイルを残したい場合は「名前を付けて保存」をクリックし、「ファイル名」欄に新しいファイル名を入力します。保存先を指定したら「保存」をクリックします。
元のファイルに上書きする場合は、「上書き保存」をクリックします。

● せっかく作成したデータが消えてしまわないよう、こまめに保存をするようにしましょう。

「ファイルの種類」で「Word97-2003文書」を選択して保存すると、古いバージョンのWordでも開くことのできる形式で保存されます。

大きさの変更

「ホーム」タブのフォントサイズ欄の右にある「▼」をクリックすると文字サイズの一覧が表示されます。

数字は直接入力して変更することもできます。

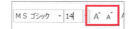

また、「A▲」「A▼」をクリックして文字の大きさを拡大・縮小することができます。

- **監修者**

原 孝成（はらたかあき）

目白大学人間学部子ども学科教授
広島大学大学院教育学研究科博士課程前期幼児学専攻修了。
著書に『指導計画の書き方』（共著、チャイルド社、2016年）、
『保育の心理学Ⅰ』（共著、中央法規出版、2015年）など多数。

- **執筆**

三島章子、橋本朋子

- **気になる子の個人案の執筆**

堂山亞希（目白大学人間学部子ども学科専任講師）

- **発達援助別個人案の執筆**

三島章子

- **乳児保育のポイント（保健・食）、災害への備えの監修**

福永知久（目白大学人間学部子ども学科助教）

- **乳児保育のポイント（保健・食）、災害への備えの執筆**

三島章子

- **乳児保育のポイント（遊びと環境）の執筆**

岡本弘子（目白大学人間学部子ども学科専任講師）

- **協力**

（保育所の指導計画）
社会福祉法人　新栄会（東京都新宿区）
木村健太朗（社会福祉法人　新栄会）
（乳児保育のポイント［保健・食］）
社会福祉法人　わかば　そらのいえ保育園
（東京都大田区）
社会福祉法人　笹桐福祉会（鹿児島県鹿児島市）

＜スタッフ＞
編集協力：増田有希、宮本幹江
本文デザイン：伊藤 悠（OKAPPA DESIGN）
本文イラスト：おおたきょうこ、ちこ＊、
　　　　　　　寺平京子

- **参考文献**

草川功監修『0～3歳の成長とともに！
Happy！育児オールガイド』新星出版社、
2015年
厚生労働省「保育所における感染症対策ガ
イドライン（2018年改訂版）」2018年
向井美惠『お母さんの疑問にこたえる 乳幼
児の食べる機能の気付きと支援』医歯薬出
版、2013年

本書の内容に関するお問い合わせは、書名、発行年月日、該当ページを明記の上、書面、FAX、お問い合わせフォームにて、当社編集部宛にお送りください。電話によるお問い合わせはお受けしておりません。
また、本書の範囲を超えるご質問等にもお答えできませんので、あらかじめご了承ください。
FAX：03-3831-0902
お問い合わせフォーム：https://www.shin-sei.co.jp/np/contact-form3.html

落丁・乱丁のあった場合は、送料当社負担でお取替えいたします。当社営業部宛にお送りください。
本書の複写、複製を希望される場合は、そのつど事前に、出版者著作権管理機構（電話：03-5244-5088、FAX：03-5244-5089、e-mail：info@jcopy.or.jp）の許諾を得てください。
JCOPY＜出版者著作権管理機構　委託出版物＞

0歳児の指導計画 完全サポート　CD-ROMつき
2019年3月5日　初版発行
2023年3月25日　第4刷発行

監修者　原　孝　成
発行者　富　永　靖　弘
印刷所　公和印刷株式会社

発行所　東京都台東区台東2丁目24　株式会社 新星出版社
〒110-0016　☎03(3831)0743

© SHINSEI Publishing Co., Ltd.　　Printed in Japan

ISBN978-4-405-07290-9